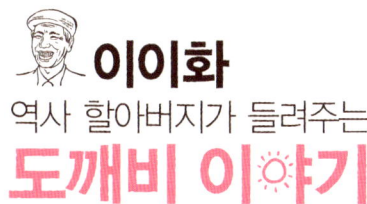

**이이화**
역사 할아버지가 들려주는
## 도깨비 이야기

파랑새 풍속 여행 · 1
## 이이화
역사 할아버지가 들려주는
### 도깨비 이야기

이이화 원작 | 김진섭 글 | 곽재연 그림

**1판 1쇄 발행** 2010년 6월 10일  **2판 2쇄 발행** 2021년 6월 30일  **만든이** 정중모  **만든곳** 파랑새
**등록** 1988년 1월 21일(제406-2000-000202호)  **주소** 경기도 파주시 회동길 152
**전화** 031-955-0670  **팩스** 031-955-0661  **홈페이지** www.bbchild.co.kr  **메일** bbchild@yolimwon.com
**ISBN** 978-89-6155-221-9 74380, 978-89-6155-220-2(세트)

ⓒ이이화, 2010

* 책값은 뒤표지에 있습니다.  * 저자와의 협의에 의해 인지를 생략합니다.
* 저작자와 출판사의 허락 없이 이 책의 일부 또는 전체를 인용하거나 발췌하는 것을 금합니다.

어린이제품안전특별법에 의한 제품 표시
제조자명 파랑새 | 제조년월 2021년 6월 | 제조국 대한민국 | 사용연령 8세 이상

# 이이화
## 역사 할아버지가 들려주는
# 도깨비 이야기

이이화 원작 | 김진섭 글 | 곽재연 그림

파랑새

**머리말**  어린이에게 보내는 편지

# 도깨비는 무섭지 않아요

이이화 (역사학자)

예전에 살았던 방정환 선생님은 어린이를 끔찍하게도 아껴 주셨습니다. 그 선생님은 어린이의 말동무가 되어 주셨고 어린이들에게 옛적 이야기를 많이 들려주었습니다. 그 선생님은 옛적 이야기를 할 때 말투와 몸짓이 너무나 정열을 담은 탓으로 어린이들은 때로는 까르르 웃고 때로는 슬퍼서 울었다고 합니다.

어린이는 마음이 순수하고 감동을 자주하고 또 동정심도 많습니다. 그런 탓으로 남의 얘기를 곧이곧대로 믿고 받아들입니다. 또 장난꾸러기가 되어 말썽을 부리거나 동무들을 놀리기 좋아하고 호기심이 많아 무슨 물건이든지 보면, 이모저모로 따져 보려 듭니다.

이 책을 지은 할아버지도 방정환 선생님을 본받아 어린이를 아끼고 귀여

워하는 마음씨를 가지고 있어요. 또 어릴 때 여러 어린이들처럼 개구쟁이 짓도 많이 했으며 옛날 얘기도 듣기 좋아했습니다. 지금 할아버지가 되었어도 그때 어른에게서 들은 얘기들을 잊지 않고 있습니다. 지금도 그 시절이 그립습니다.

    이 책에는 도깨비 이야기를 담았습니다. 예전 사람들은 사람도 아니고 귀신도 아닌 도깨비가 있어서 여러 가지 작란을 쳤다고 믿었습니다. 그래서 도깨비에 얽힌 이야기가 많이 전해집니다. 도깨비는 무서운 존재가 아니라 때로는 작란꾼, 때로는 말썽꾼이기도 했답니다.
    여러분은 오늘날 도시 생활을 하면서 도깨비를 보거나 도깨비 이야기를 들을 수 없지요. 하지만 옛날로 여행을 떠나 그 궁금증을 풀어 보세요.

    다른 책에는 우리 풍속과 생활에 얽힌 이야기를 따로 모아 여러분의 읽을거리로 제공할 것입니다. 어린이는 미래의 희망이요 나라의 보배이니 열심히 읽고 마음과 몸이 모두 건강하게 자라세요.

임진강 가의 헤이리에서
이 책을 지은 할아버지가 씁니다.

## 차례

### 첫째 마당 도깨비는 어떻게 생겼을까?
달걀도깨비, 등불도깨비, 거인도깨비? 10　부지깽이나 몽당 빗자루가 도깨비가 된다? 14
불 끄고 듣는 이야기 도깨비와 씨름하기 18

### 둘째 마당 뿔 난 도깨비가 일본 요괴라고?
일본 요괴가 우리 도깨비로 둔갑했다고? 22　중국의 독각귀가 도깨비라고? 26
불 끄고 듣는 이야기 약국 주인과 도깨비 28

### 셋째 마당 '혹부리 영감'이 도깨비 이야기라고?
'혹부리 영감'은 어느 나라 이야기? 32　'도깨비방망이 얻기'와 '혹부리 영감'은 어떻게 다를까? 34
불 끄고 듣는 이야기 도깨비방망이 얻기 36

### 넷째 마당 도깨비는 언제부터 있었을까?
얼마나 오래 전부터? 42　도깨비는 어디에서 살까? 45
불 끄고 듣는 이야기 마천목과 파란 돌 48

### 다섯째 마당 도깨비는 심통이 사나울까?
도깨비는 장난꾸러기일까? 54　도깨비는 정말 바보 같을까? 57
불 끄고 듣는 이야기 아기도깨비 이야기 60

### 여섯째 마당 도깨비는 무얼 좋아할까?
메밀묵, 수수떡, 개고기를 좋아해? 66　도깨비는 왜 씨름을 좋아할까? 69
불 끄고 듣는 이야기 개고기를 좋아하는 도깨비 72

## 일곱째 마당  도깨비불은 무슨 색일까?
파란 불이 깜박깜박 휙휙? 78　도깨비불이 물고기를 몰고 다닌다? 80
불 끄고 듣는 이야기 메밀묵 쑤어 주고 고기 잡기 82

## 여덟째 마당  도깨비가 앞날을 내다볼 수 있을까?
도깨비는 네가 커서 무엇이 될지 알아? 86　도깨비는 땅속을 들여다보는 걸까? 90
불 끄고 듣는 이야기 하 정승과 도깨비 명당 92

## 아홉째 마당  도깨비는 사람을 좋아하나?
사람과 섞여 살고 싶어 하는 도깨비 98　도깨비가 불을 지르면 부자가 된다? 100
불 끄고 듣는 이야기 도깨비 비석 102

## 열째 마당  도깨비는 몇 개의 얼굴을 가지고 있나?
신의 모습, 인간의 모습? 106　신과 인간의 중간쯤에 서 있는 도깨비들? 108
불 끄고 듣는 이야기 도깨비가 준 보물 110

## 열한째 마당  도깨비를 어떻게 모셔야 하나?
왜 도깨비에게 굿을 할까? 116　왜 도깨비에게 고사를 지낼까? 120
불 끄고 듣는 이야기 도깨비고사 122

## 열두째 마당  도깨비는 모두 어디로 갔을까?
도깨비들은 모두 이야기 속으로 들어갔나? 128　어떻게 하면 도깨비를 다시 살릴까? 130
불 끄고 듣는 이야기 도깨비감투 132

첫째 마당

# 도깨비는 어떻게 생겼을까?

달걀도깨비, 등불도깨비, 거인도깨비? ………… 10
부지깽이나 몽당 빗자루가 도깨비가 된다? ………… 14

# 달걀도깨비, 등불도깨비, 거인도깨비?

비가 부슬부슬 내리는 날이면 깊은 산속 숲이 우거진 곳에 있는, 허물어져 가는 외딴 기와집에서는 온갖 소리가 다 납니다. 사발 깨지는 소리, 말발굽 소리, 기왓장 깨지는 소리가 와글와글 들려오지요. 바로 도깨비들이 내는 소리랍니다.

도깨비는 여러 가지 이름으로 불렸어요. 도채비, 돗가비, 독갑이, 귀것, 영감, 물참봉, 김 서방, 허체, 허주, 돗재비, 또개비, 토째비 등이 모두 도깨비를 가리키는 말이에요. 그만큼 널리 알려져 있고 오래 전부터 있었기 때문에 이름도 여러 개인 것이지요.

산속 외딴집에서 도깨비들은 모임을 갖기로 합니다. 어떤 도깨비들이 있는지 볼까요?

머리를 풀어 헤친 도깨비, 칠흑처럼 검은데 다리가 한쪽뿐이어서 겅중겅중 뛰어다니는 도깨비, 키가 무척 커서 구름 위에 머리가 불쑥 솟아 있

　는 도깨비가 있어요. 하나밖에 없는 다리는 옻칠을 한 듯이 검고 매끈매끈하지요. 키가 큰 도깨비는 옷을 못 입고 종이로 허리춤만 겨우 가리고 있기도 해요.

　도깨비는 종류 또한 매우 다양하답니다. 등불을 켜들고 다니는 등불도깨비, 멍석처럼 둘둘 말리기도 하는 멍석도깨비, 강아지도깨비, 장수도깨비, 홑이불도깨비, 땅 위를 데굴데굴 굴러다니다가 차츰 커져서 하늘에 닿을 만큼 되더니 갑자기 쏟아져 내려 사람을 덮치기도 하는 달걀도깨비, 갓 쓴 도깨비, 더벅머리도깨비, 삼태기도깨비 등이 있어요.

도깨비는 워낙 다양한 모습을 하고 있을 뿐만 아니라 갑자기 나타났다 갑자기 사라지기 때문에 생김새도 정해져 있지 않아요. 아이의 모습일 때도 있고 거인, 노인, 총각, 처녀 등의 모습일 때도 있어요. 특히 차일처럼 넓게 생긴 차일도깨비는, 하늘에서 사람의 머리 위를 덮어씌운다고 해요. 또 도깨비는 몸에 다양한 색깔을 띠기도 한답니다. 옛 이야기에 나오는 도깨비들은 대개 떼거리로 쏟아져 나오는 경우가 많아요. 그럴 때 보면 도깨비는 무척 다양한 색깔을 가지고 있는 것으로 나타나지요. 청도깨비, 흰도깨비 같은 것부터, '푸르고 붉고 검고 누르고 흰 도깨비' 라는 것도 있답니다.

도깨비는 하는 짓 또한 괴상해요. 횃불처럼 빛을 내거나, 휘파람을 불거나 소리를 지르기도 해요.

　때로는 장작개비를 두드리거나 모래로 솥을 씻기도 하고, 신으로 땅바닥을 두드리며 소리를 내거나 방망이질을 하기도 하지요. 또 기왓장을 뒤집고 모래를 뿌리기도 한답니다.

　이처럼 도깨비는 무척 다양한 생김새를 가지고 있고 까닭을 알 수 없는 괴상한 짓을 많이 해요. 그래서 우리는 괴상한 짓을 하는 사람을 보면 '낮도깨비'라고 하지요.

　도깨비가 나오는 옛이야기마다 도깨비의 생김새는 제각각이에요. 어떤 도깨비는 사람 모양을 하고 있고, 어떤 도깨비는 흉악하게 생겼어요. 또 어떤 도깨비는 아이처럼 생겼고 하는 행동도 아이처럼 굴지요. 그러므로 '도깨비는 이렇게 생겼다' 하고 정확하게 말할 수 없답니다. 그야말로 '도깨비 모양'인 셈이에요.

## 부지깽이나 몽당 빗자루가 도깨비가 된다?

    도깨비는 어떻게 해서 생겨난 것일까요? 흔히들 사람이 죽으면 귀신이 된다고 알고 있어요. 그렇다면 무엇이 변하여 도깨비가 되는 것일까요?
    옛날부터 전해 내려오는 여러 가지 이야기나 우리 옛사람들이 꺼려서 하지 않는 일들을 통해 볼 때, 낡은 빗자루나 부지깽이, 짚신, 낡은 절굿공이 등 사람의 손때가 묻어 있는 물건들이 도깨비로 바뀐다고 해요.
    옛 어른들은 흔히 '피 묻은 빗자루나 연장은 쓰지 않고 태우거나 파묻어서 버려라'라고 하지요. 그리고 부엌일을 하는 여성들이 몽당 빗자루를 깔고 앉거나 부지깽이를 깔고 앉으면 '부정 탄다'고 하여 혼이 나기도 하고요. 그 까닭은, 피 묻은 빗자루나 연장, 깔고 앉은 빗자루나 부지깽이가 도깨비로 변한다고 믿었기 때문이에요.

　옛이야기에서도 몽당 빗자루나 부지깽이가 도깨비가 된 이야기를 많이 찾아볼 수 있답니다. 장에 갔다가 술을 마시고 늦어져서 돌아오는데 도깨비를 만났다는 이야기는 무척 흔해요. 도깨비가 술 취한 사람에게 씨름을 하자고 해요. 밤새도록 도깨비와 씨름을 하다가 겨우 이겨서 칡덩굴로 나무에 꽁꽁 묶어두거나 자기 허리띠로 꽁꽁 묶어 놓은 뒤 집으로 돌아오지요. 그리고 다음 날 찾아가 보니 몽당 빗자루였다거나 부지깽이가 묶여 있다는 식의 얘기예요.

　도깨비는 예쁜 여자로 나타나서 밤길 가는 젊은이를 곧잘 골탕 먹이곤 해요. 예쁜 여자의 집에서 하룻밤 자고 다음 날 깨어 보니 낡은 부지깽이나 빗자루를 안고 있었다는 식의 얘기는 어느 지역에서나 흔히 들을 수 있어요.

그 외에도 어떤 것이 변해서 도깨비가 되었는지 옛이야기를 살펴보면 대개 주변에서 흔히 볼 수 있는 살림도구들이 등장해요. 사발도깨비, 종지도깨비, 쟁반도깨비, 망치도깨비, 낫도깨비, 꽹과리도깨비, 징도깨비, 솥도깨비, 주걱도깨비, 도리깨도깨비, 멍석도깨비, 짚신도깨비, 나막신도깨비, 달걀도깨비, 방울도깨비, 갓도깨비, 메주도깨비…… 등 셀 수 없을 만큼 종류가 많지요.

그런데 하필이면 왜 사람의 손때가 묻은 살림 도구들

일까요? 사람의 손때가 묻었다는 것은 사람의 기운이 물건에게 전해져 신령한 힘을 가지게 된다는 뜻이에요. 때문에 옛사람들은 그런 물건들을 반드시 태워 없앴답니다. 비록 하찮은 물건이라도 사람과 관계를 맺으면 도깨비가 될 수 있으니까요.

흔히 쓰는 다양한 살림도구들에 사람의 손때가 묻고 닳으면서 사람의 기운을 빨아들였다가 나중에는 도깨비가 된다는 거지요.

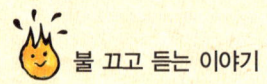 불 끄고 듣는 이야기

# 도깨비와 씨름하기

　도깨비 이야기 하나 들려 줄까? 뭐 그다지 오래된 얘기도 아니야.

　어떤 마을에 씨름 잘하고 술 좋아하는 젊은 사람이 살았는데 어느 날 장에 갔어. 푸줏간에 가서 고기를 한 근 끊었지. 그리고는 곧바로 집에 돌아오려고 하는데 말이야, 주막이 눈에 띄지 않겠어?

　"에라! 막걸리 딱 한 잔만 마시고 가야지!"

　젊은이는 주막 안으로 쑥 들어갔지. 막걸리 한 잔이 연달아 두 잔이 되고 석 잔이 되었지. 그러다 보니 어느새 얼큰하게 취했고, 사방이 어둠컴컴해진 뒤에야 고개를 넘어 집으로 향했지. 고개를 넘어가는데 장승처럼 키가 큰 사람이 길을 가로막더니 다짜고짜 말을 해.

　"그 고기는 놓아 두고 가!"

　그게 어디 말이나 되는 소리야. 젊은이는 안 된다고 그랬지. 그랬더니,

　"그럼 나랑 씨름을 해. 씨름을 해서 이긴 사람이 그 고기를 가지기로 하자."

　그거 또한 말이 안 되는 소리야. 젊은이는 싫다고 했는데도 자꾸만 졸라대. 그래서 할 수 없이 "그러마!" 하고 고개를 끄덕였지. 씨름에는 자신이 있었거든. 키 큰 사람도 만만치 않았지. 씨름은 좀처럼 승부가 나지 않았어. 결국 밤새도록 씨름을 하게 되었고 새벽녘이 되어서야 젊은이는 겨우 키 큰 사람을 쓰러뜨릴 수 있었어. 그리고 곧장 허리띠를 풀어 키 큰 사람을 나무에 묶어 놓고 집으로 왔지.

　밤새 젊은이가 돌아오지 않으니까 아내는 뜬눈으로 밤을 새웠어. 남편이 돌아오자 무슨 일인지 물었겠지. 그래, 씨름을 하자고 하기에 겨우 이겨서 나무에 묶어 놓고 왔다고 말했지.

　아내는 이른 아침에 동네 사람들을 데리고 갔어. 묶인 사람을 풀어 줘야 할 거 아니야. 그런데 사람은 없고 누군가 쓰다 버린 몽당 빗자루만 달랑 나무둥치에 묶여 있는 게 아니겠어? 키 큰 사람은 바로 몽당 빗자루 도깨비였던 거야. 밤새도록 도깨비에게 홀려 씨름을 한 거지, 뭐.

둘째 마당

# 뿔 난 도깨비가 일본 요괴라고?

일본 요괴가 우리 도깨비로 둔갑했다고? ·········· 22
중국의 독각귀가 도깨비라고? ·········· 26

# 일본 요괴가 우리 도깨비로 둔갑했다고?

 중국과 일본 그리고 우리나라는 한자를 함께 사용하고 있는 나라들이에요. 그러다보니 귀신에서도 여러 가지 비슷한 점이 많이 있어요. 그래서 때로는 중국의 도깨비, 일본의 도깨비, 우리 도깨비라고 말하기도 하지요. 하지만 이건 틀린 말이에요. 도깨비는 우리나라에만 있는 독특한 존재이니까요.

 흔히 일본의 오니와 뎅구, 갑파를 '일본 도깨비'라고 표현하는데 이들은 우리의 '도깨비'와는 완전히 다른 것들이에요. 특히 도깨비의 생김새가 잘못 알려져 있어서 우리나라 사람들조차 도깨비를 그릴 때 흔히 일본 오니를 그리기도 하지요. 일본 오니와 우리 도깨비의 모습을 정확하게 알고 구분해야겠어요.

오니는 보통 뿔이 하나나 두 개 나 있고 어금니가 앞으로 툭 튀어나왔어요. 키는 보통 사람보다 두 배쯤 큰 거인이에요. 몸에 털이 많이 나 있고, 빨강이나 파란 몸에 원시인처럼 허리에 풀잎으로 만든 옷을 감고 있어요. 또 어떨 때는 손에 도끼나 망치를 들고 있기도 하지만 대부분 못이 삐죽삐죽 솟은 쇠몽둥이를 들었지요. 왠지 익숙한 생김새지요? 맞아요. 우리가 흔히 도깨비 하면 떠올리는 그 모습이 사실은 일본 오니랍니다.

뎅구는 산의 요괴인데 코가 높고 얼굴이 붉은 색이며 부채를 가지고 있어요. 마음대로 하늘을 날아다니기 때문에 도깨비불과 비슷한 느낌을 주지요.

갑파는 개울이나 강물 속에서 살고 있는 요괴예요. 원숭이 얼굴에 거북이 몸을 하고 있거나, 새의 머리에 땅에 사는 짐승의 몸을 하고 있어요. 씨름을 좋아하는 것과 사람들을 부자로 만들어 준다는 점에서 도깨비와 비슷해요.

이런 일본의 요괴들을 도깨비라고 할 수는 없어요. 비슷한 점이 있기는 하지만, 도깨비와 뿌리가 같다거나 관련이 있지는 않으니까요. 그런데 일제 강점기를 거치면서 오니가 도깨비로 잘못 전해졌고, 우리는 지금까지 오니의 생김새를 도깨비의 생김새인 줄 착각하고 있는 거지요.

우리나라 도깨비는 딱히 이렇다 할 생김새를 가지고 있지 않아요. 겉으로는 사람과 구별할 수 없고, 단지 누린내가 심하게 난다든지, 장승처럼 크다든지 할 뿐이에요. 때로는 잔뜩 일그러진 얼굴에, 머리에 두 개의 뿔이 돋아 있는 경우도 있어요.

이렇듯 우리나라 도깨비는 다양한 생김새를 가지고 있어요. 다시 한 번 말하지만, 머리에 뿔이 나고 원시인처럼 옷을 입은 건 우리의 도깨비가 아니라 일본의 오니랍니다.

# 중국의 독각귀가
## 도깨비라고?

　일본의 오니 말고도, 중국의 독각귀나 이매망량이 도깨비라고 생각하는 경우가 많이 있어요.

　독각귀는 산에 사는 귀신이에요. 생김새는 어린아이 같고 다리는 하나이며, 뒤로 걷는다고 해요. 사람 소리를 흉내 내어 사람을 꾀기도 하지요. 이 독각귀라는 한자가 우리나라로 전해지면서 도깨비가 되었다고 말하는 사람도 있답니다.

　그러나 그건 완전히 잘못된 생각이에요. '도깨비와 씨름하기' 이야기에만 다리가 하나밖에 없는 도깨비가 나올 뿐, 다른 이야기에서는 다리가 하나뿐인 도깨비가 나오지 않으니까요. 오히려 도깨비는 건장한 젊은이나 머슴처럼 그려진 경우가 대부분이에요. 그러므로 독각귀가 도깨비라고는 할 수 없어요. 아마도 독각귀라는 한자어 음이 도깨비와 비슷하기 때문에 생긴 오해가 아닐까요?

그 외에 조선시대 책에 나오는 이매망량 역시 도깨비와는 달라요. 이매는 일종의 요괴로 동물 모습을 하고 있어요. 망량 역시 요괴인데 전욱씨의 아들 셋이 죽어 *역귀로 변한 것이라고 해요. 이처럼 이매와 망량은 성격이 다른 귀신일 뿐이에요. 다만 옛사람들이 도깨비를 한자어로 표기하면서 이매망량으로 써온 것이지요. 아마도 '도깨비가 산속에서 사람을 홀린다'는 이야기를 한자로 표기하려다 보니 산속에 산다는 중국 요괴 이매망량을 빌려올 수밖에 없었을 거예요.

이렇듯 도깨비는 일본이나 중국의 귀신들과는 전혀 다른, 우리나라 땅 안에서, 우리 민족에 의해 만들어진 우리만의 것이랍니다.

*역귀 : 역병을 일으킨다는 귀신.

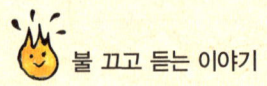 불 끄고 듣는 이야기

# 약국 주인과 도깨비

그리 오래된 이야기도 아니야. 저기 저 골목 어귀에 있는 약국 있잖아. 그 약국이 원래는 게딱지만 하게 작았어. 그런데 어떻게 저렇게 커졌는지 알아?

처음 거기에 약국을 연 주인은 정직하고 성실하기만 했지 돈 버는 재주는 없었어. 그래서 약국을 연 지 수십 년이 되도록 밤낮 그 모양일 뿐 나아지지가 않았지.

어느 날은 일찍 일어나서 들창으로 한길을 내다보고 있는데 웬 벙거지를 쓴 사람이 지나가다 인사를 해. 그리고 문을 열고 쑥 들어와.

"나는 알만한 댁에서 일하는 사람인데 우리 댁에서 돈 일만 냥을 어디에 좀 맡겨야 할 판입니다. 달리 맡길 데가 없으니 부디 힘들더라도 좀 맡아 주십시오."

이러거든. 정직한 약국 주인은 그걸 받아 뒀지. 그런데 돈을 맡겨 둔 뒤로는 그 사람이 얼씬도 안 하는 거야. 주인은 생각에 생각을 거듭하다 맡

겨 둔 돈을 그냥 놀리느니 뭔가 요긴하게 써야겠다고 마음먹었지. 다행히 운이 좋았는지 약국 주인은 돈을 늘려서 부자가 되었어. 그러는 동안에도 이제나 저제나 벙거지를 쓴 사람이 찾아오길 기다렸지.

그러던 어느 날 여느 때처럼 들창으로 밖을 내다보는데 벙거지 쓴 사람이 지나가잖아! 그래서 불렀지. 그랬더니 그 사람은 아무 일도 없다는 듯이 말하는 거야.

"왜, 궁금해서 그래요? 사실 나는 사람이 아니고 도깨비요. 당신이 정직하기만 할 뿐 수단이 없어서 부자가 못 되고 있는 게 안타까워서 그 돈을 당신에게 준 것이오. 그러니 아무 걱정 말고 잘 쓰시오."

이런단 말이지. 그러고는 순식간에 어디론가 사라져 버렸어. 그리고 어떻게 되었냐고? 그건 나도 모르지. 얼마 전까지만 해도 그 약국 주인이 약을 팔았지, 아마?

## 셋째 마당

# '혹부리 영감'이 도깨비 이야기라고?

혹부리 영감은 어느 나라 이야기? ··········· 32
'도깨비방망이 얻기'와 '혹부리 영감'은 어떻게 다를까? ······ 34

# '혹부리 영감'은 어느 나라 이야기?

'금 나와라, 뚝딱! 은 나와라, 뚝딱!' 하는 도깨비방망이 이야기는 너무나 잘 알려져 있지요. 그런데 우리가 알고 있는 도깨비방망이 이야기는 하나가 아니고 몇 가지가 있어요.

하나는 효자가 개암을 깨무는 소리를 듣고 도깨비들이 방망이를 버리고 도망갔다는 '도깨비방망이 얻기' 이야기, 또 하나는 혹부리 영감이 노래를 불러 주고 도깨비방망이로 혹을 떼게 되는 '혹부리 영감' 이야기, 그리고 마지막으로, '도깨비방망이 얻기' 이야기와 비슷한데, 빈집에서 도깨비방망이를 두드리며 놀고 있는 도깨비들을 두들겨 쫓아내고 어수룩한 도깨비에게서 도깨비방망이를 얻는다는 내용의 이야기예요.

온 나라에 퍼져 있는 도깨비방망이 이야기는 대개 이 세 이야기와 크게 다르지 않지요.

그런데 이 세 가지 이야기 중에서 '혹부리 영감' 이야기에는 숨겨진 비밀이 있어요. 이 이야기는 사실 우리나라에서 전해오는 이야기가 아닌, '고부도리지이' 라는 일본 이야기랍니다. 즉, 우리의 도깨비 이야기가 아니라 일본의 오니 이야기인 것이지요.

그럼, 일본 이야기가 어떻게 우리나라 이야기인 것처럼 전해져 내려왔을까요? '혹부리 영감' 이야기는 일제 강점기 때 우리나라 초등학교 교과서에 실리면서 유명해졌고, 우리의 도깨비이야기인 것처럼 전해져 내려오기 시작했어요. 일본인들이 이 이야기를 우리 교과서에 실은 데에는 일제의 흉악한 꾀가 숨겨져 있어요. 바로, 우리와 일본이 같은 뿌리를 가지고 있는 민족이라는 억지를 부리기 위해서 이 이야기를 교과서에 실은 거예요. '같은 뿌리를 가진 민족이므로, 한일병합이 당연하다' 는 것을 강조하기 위해 자신들의 이야기를 마치 우리나라 이야기인 양 우리 교과서에 실은 것이지요.

## '도깨비방망이 얻기'와 '혹부리 영감'은 어떻게 다를까?

'도깨비방망이 얻기'와 '혹부리 영감'은 이야기의 구조는 서로 비슷하지만 주제에서는 아주 달라요.

'혹부리 영감' 이야기를 살펴볼까요.

혹부리 영감은 도깨비들이 모이는 집에 가게 돼요. 혹부리 영감은 두려움을 감추기 위해 노래를 부르지요. 도깨비들은 혹에서 노래가 나온다고 생각하고 혹부리 영감의 혹과 두드리면 금은보화가 쏟아져 나오는 보물방망이를 바꾸자고 해요. 혹부리 영감은 보기 싫은 혹을 뗐을 뿐 아니라 보물방망이까지 얻어 돌아와요.

이 이야기를 들은 심술궂은 다른 혹부리 영감도 도깨비 집을 찾아가요. 그런데 이번에는 도깨비들이 한 번 속지 두 번은 안 속는다며 혹을 떼어

주기는커녕 혹을 하나 더 달아 주지요.

이처럼 '혹부리 영감'에서는 욕심을 부려 엉뚱한 짓을 하면 벌을 받는다는 '권선징악'을 이야기하고 있어요.

하지만 '도깨비방망이 얻기'는 이것과 달라요. 물론 권선징악의 내용도 담고 있지만 그것보다는 조선시대의 유교적 사상인 '효'를 더욱 강조하고 있어요. 효는 우리 옛이야기에서 가장 대표적인 주제예요. 유교를 받들었던 조선시대 사람들의 생각이 들어있기 때문이에요. 그래서 우리나라 이야기에서는 대부분 효가 중요하게 다뤄지고 있어요. 주인공들 대부분이 젊은 사람이기도 하지요.

'혹부리 영감' 이야기는 일제 강점기에 초등학교 교과서에 실리면서 우리나라에 들어왔는데, 해방이 된 뒤에도 우리 말로 바뀌어서 버젓이 초등학교 교과서에 실렸어요.

이 때문에 우리는 아직까지도 '혹부리 영감'이 우리나라에서 예부터 전해오는 도깨비 이야기인 줄로 알고 있는 것이지요.

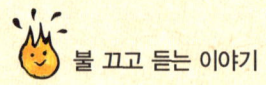 불 끄고 듣는 이야기

# 도깨비방망이 얻기

옛날 어느 마을에 한 가족이 살고 있었는데 하루는 방에 군불 땔 나무가 떨어졌어. 그래서 아들이 산에 나무를 하러 올라갔지. 아들이 산에서 나무를 열심히 하고 있는데 뭐가 떽떼굴 하고 떨어지거든. 아들이 보니 개암이야. 얼른 주웠지.

"우리 할아버지 가져다 드려야지!"

그러곤 주머니에 쏙 넣는단 말이야. 그리고 다시 나무를 하고 있는데 또 개암이 떨어져. 그러니깐 이번엔 할머니, 다음엔 아버지, 그 다음엔 어머니. 저는 쏙 빼놓고 어른들만 주워섬겨. 그 아들 참 효자 아니야? 그렇지? 효자지?

개암을 주워 주머니에 넣고 나무를 하는 동안에 어느새 해가 깜박 저물고 말았어. 가끔 열심히 일하다 보면 언제 해가 서산으로 넘어가는지 모를 때가 있거든. 금세 사방이 깜깜해져서 그만 산속에서 길을 잃었지. 그런데 저쪽에서 불빛이 보여. 가 보니 불이 켜져 있는데 빈집이야. 들어가

서 사람을 찾고 있는데 갑자기 도깨비들이 우르르 몰려오는 소리가 들린단 말이야. 어이쿠, 큰일 났다! 아들은 재빨리 다락 위에 올라가 숨었어.

도깨비들은 집안으로 들어오더니 도깨비방망이를 두드리는 거야.

"기름진 음식 나와라, 뚝딱! 향기로운 술 나와라, 뚝딱!"

아, 이러니깐 정말로 기름이 자르르 흐르는 고기가 쏟아져 나오고 술단지가 쏟아져 나오는 거야. 도깨비들은 부어라! 마셔라! 신이 나서 놀아. 그 꼴을 다락에 뚫린 구멍으로 내려다보고 있으려니 배가 좀 고프겠어? 아침 먹고 난 뒤 아무것도 못 먹었는데 말이야. 고소한 고기 냄새는 코를 찌르지, 향긋한 술 냄새에 저절로 침이 꿀꺽 넘어가.

"배고파 못 견디겠다. 낮에 주운 개암이라도 먹어야지!"

아들은 개암을 꺼내 이로 딱 깨뜨렸어. 그런데 도깨비가 귀는 또 얼마

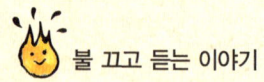 불 끄고 듣는 이야기

나 밝은지, 어떻게 개암 깨무는 소리를 듣고는 난리가 났어.

"대들보가 무너진다! 어서 도망가자!"

그러고는 후닥닥 도망을 가는데, 도깨비 중에 덜떨어진 놈이 하나 있었나 봐. 그만 방망이 하나를 놓아 두고 도망갔네. 아들은 도깨비방망이를 주워 가지고 집으로 돌아왔어. 그리고 금 나와라, 뚝딱! 은 나와라, 뚝딱! 해서는 금세 부자가 되었지.

같은 마을에 욕심쟁이가 하나 살고 있었어. 욕심쟁이는 아들이 부자가 된 얘기를 듣고 저도 나무를 하러 갔어. 역시 개암이 떽떼굴 떨어져. 욕심쟁이는 이것도 내 거, 저것도 내 거 하며 주머니에 넣었거든. 그러다 날이 저물어서 그 빈집으로 갔지.

다락에 숨어 있는데 역시 도깨비가 와서 놀거든. 욕심쟁이는 기회다 싶어서 개암을 딱 하고 깨물었어. 그런데 웬걸! 도깨비들이 도망가기는커녕 전에 우리를 속인 놈이라며 다락에서 욕심쟁이를 끌어내렸어.

그리고 밤새도록 도깨비방망이로 팔을 쭉 늘였다가 코를 쭉 늘였다가 다리를 쭉 늘였다가 하며 두들겨 팼어.

뭐, 그런 얘기야. 욕심쟁이는 어떻게 되었냐고? 그건 난 몰라!

넷째 마당

# 도깨비는 언제부터 있었을까?

얼마나 오래 전부터? ........................ 42
도깨비는 어디에서 살까? ................... 45

# 얼마나 오래 전부터?

중국의 역사책인 《사기》에 보면 도깨비의 모습으로 생각되는 내용이 나와요.

> 동쪽의 이족에는 치우라는 유명한 두령이 있었는데, 그는 네 개의 눈, 여섯 개의 손, 구리로 된 머리, 쇠로 된 이마를 가진 요괴스러운 모습을 하고 있었다. 또 사람처럼 말하고 모래나 돌 따위를 먹으며 쇠금으로 만든 무기를 사용했다. 그리고 안개를 뿜어 낼 수 있는 조화 능력을 가지고 있어 전쟁을 할 경우 누구에게나 위협적인 존재였다.

《사기》에 나오는 이 내용은 '치우'라는 황제에 관한 기록인데 어떤 학자들은 이를 우리 도깨비의 조상과도 같은 것이라 말하기도 해요.

특히 쇠금으로 만든 무기를 썼다는 데에 주목하고 있어요. 이는 철기문화를 뜻하는데, 청동기 문화 속에서 새로 등장한 철기 문화는 도깨비의 신통력과도 같은 힘으로 보였을 거예요. 하지만 과연 도깨비가 치우에게서 비롯되었는지 아닌지는 아직 자세히 알 수 없답니다.

또 다른 학자들은, '도깨비'는 '도가비'에서 '독아비' 그리고 더 나아가서는 '도가니아비'로 말의 뿌리를 더듬어 올라갈 수 있다고 말해요. 여기서 '도가니'는 바로 쇠를 녹이는 그릇을 뜻해요. 신라 초기의 광부나 대장장이들이자, 김씨의 조상이 되는 사람들에게서 도깨비의 근원을 찾아볼 수 있다는 것이지요.

그 무렵 쇠를 만드는 기술은 절대 알려서는 안되는 중요한 일로, 왕족이 아니면 가르쳐 주지 않았어요.

그러므로 대장장이는 곧 가야의 왕족을 뜻하지요. 세월이 흘러 대장장이들이 많아지자 신라 13대 미추왕이 이 도가비 무리를 지방으로 보내 돌아다니면서 백성들의 농기구를 만들어 주게 했어요. 이들이 지방에 가서 비밀스럽게 일을 하느라 장막으로 가리고 뚝딱뚝딱하며 신기한 쇠붙이 농기구를 만들어 냈기 때문에 '금(金) 나와라, 뚝딱'이라는 말이 생겼고, 비가 오면 불을 지필 수가 없어서 쉬었으므로 '비가 오면 도깨비도 논다'라는 말이 남아 있다는 것이지요. 이 도가비 무리들은 지방을 다니며 아이를 낳았는데 이들은 쇠를 뜻하는 김씨 성을 썼다고 해요. 그래서 대개 도깨비를 '김 서방'이라 부른다는 것이지요.

그렇다면 도깨비가 처음으로 이 땅에 나타난 것은 적어도 삼국시대 때요, 더 높이 올라가면 고조선 때라는 얘기가 되지요. 무려 5천 년의 우리 역사는 도깨비와 함께 내려온 것이랍니다.

## 도깨비는 어디에서 살까?

　옛말에 '숲이 깊어야 도깨비가 난다' '도깨비도 수풀이 있어야 모인다' 라는 말이 있어요. 이런 속담을 보면 도깨비는 숲이나 덤불이 우거져 있어 사람들의 발길이 뜸한 곳에 살고 있다는 걸 알 수 있지요.

　하지만 이야기 속에 나오는 도깨비들을 보면 반드시 외딴집이나 숲속에서만 사는 것은 아니에요. 실제로는 바다나 강 같이 물이 있는 곳에서도 나타나지요. 공동묘지나 동굴, 오래된 우물, 허물어진 뜰, 옛 성터, 계곡, 큰 바위, 큰 나무 아래에 살면서 밤이면 나와 놀다가 새벽닭이 울거나 종소리가 울리면 사라진답니다. 이처럼 어둡고 축축하고 낡고 오래된 곳, 사람의 발길이 뜸한 깊은 산속, 고개, 산길이나 숲이 우거진 곳에 도깨비가 나와요. 그리고 도깨비불은 해가 지고 어둑어둑할 때나 비가 부슬부슬 내릴 때 주로 나타나고요.

　하지만 도깨비는 어둠침침한 것을 좋아할 뿐 햇빛을 두려워하는 것 같

지는 않아요. 아침이나 낮에 도깨비를 만나는 일도 없지 않았으니까요. 속담에도 '낮에 난 도깨비' '낮도깨비 같다' 라는 말이 있는 걸 보면 알 수 있지요.

어둡고 낡고 으스스한 곳에 도깨비들이 나타난다고 해서 사람들과 떨어져 사는 것은 아니에요. 옛이야기에서 도깨비가 사람들에게 돈을 빌리고 나서는 갚은 것을 잊어버리고 몇 번씩이나 돈을 가져다 주어 부자가 되었다거나, 도깨비들이 어울려 춤을 추는 곳에 사람이 끼어들었더니 사라졌다는 이야기가 있는 걸 보면 도깨비들은 사람들 근처에서, 어쩌면 사람들과 함께 살고 있는 건지도 몰라요.

아루루까꿍! 놀랐지?

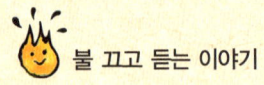 불 끄고 듣는 이야기

# 마천목과 파란 돌

옛날 아주 오랜 옛날, 고려가 망하고 조선이 세워지던 때의 이야기야. 고려시대에 태어나서 이성계를 도와 조선을 세우는 데 큰 공을 세운 사람 중에 마천목이라는 사람이 있었어. 조선 태조 때 대장군에 올랐으며 판우군도총제부사까지 오른 사람이야.

이 마천목은 어렸을 적에 전라남도 곡성 지방에 있는 섬진강 중류에서 살았어. 마천목의 아버지는 물고기를 무척 좋아해서 하루도 물고기 반찬이 없으면 밥을 먹지 않았지. 효성이 지극한 어린 마천목은 매일같이 강에 나와 물고기를 잡았단다. 그러던 어느 날 물고기를 잡아가지고 오다가 길바닥에서 파랗게 반짝이는 돌을 발견했지.

"야! 고것 참 예쁘다!"

마천목은 파란 돌을 주워 주머니에 넣고 집으로 돌아왔어. 그날 밤이었어. 마천목은 마당에서 들리는 시끌시끌한 소리에 잠이 깼지.

"아니, 한밤중에 남의 집 마당에서 떠들고 있는 사람이 누구요?"

　마천목은 화가 나서 문을 벌컥 열고 소리쳤어. 그랬더니 마당에 많은 도깨비들이 몰려들어와 웅성웅성 떠들어 대고 있는 것이 아니겠어? 더군다나 다른 사람들 귀에는 아무것도 들리지 않는지 마천목 혼자만 내다보았겠지.

　"저희들은 저 건너 산골짜기에 살고 있는 도깨비들입니다."

　아, 이러지 않겠어. 마천목은 속으로 깜짝 놀랐지만 낯빛 하나 바뀌지 않고 호통을 쳤지.

　"도깨비들이 왜 몰려와서 이렇게 시끄럽게 군단 말이냐. 썩 물러가거라!"

　"대감님, 대감님께서 낮에 주워서 주머니에 넣고 오신 파란 돌이 저희 도깨비들의 대장입니다. 저희 대장님만 돌려주신다면 무엇이든 시키시는 대로 하겠습니다."

　이러거든. 도깨비들이 어린 마천목에게 대감님이라고 부르는 게 이상

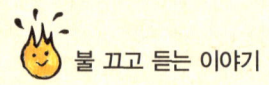 불 끄고 듣는 이야기

해? 그건 도깨비에게는 어떤 사람이 자라서 앞으로 어떤 인물이 될 건지를 알 수 있는 신통력이 있기 때문이야.

도깨비들을 만나기도 쉽지 않은데 너무 쉽게 돌을 돌려주긴 아깝단 말이야. 그래, 곰곰이 생각을 하다가 번쩍 좋은 생각이 떠올랐지.

"좋다! 파란 돌을 돌려줄 테니 강에다 고기를 잘 잡을 수 있도록 어장을 만들어 다오!"

그랬지. 그랬더니 도깨비들이 알겠다고 고개를 끄덕이더니 우르르 몰려나갔어. 그리고 금세 되돌아오더니 어장을 만들어 놨다고 그래. 그래서 마천목은 도깨비들을 데리고 강으로 가 봤지. 정말로 어장이 만들어져 있는 게 아니겠어.

마천목은 주머니에 있던 파란 돌을 꺼내 돌려줬어. 그리고 다음 날 메밀묵을 한 솥 쑤었지. 도깨비들이 메밀묵을 좋아하거든. 그래, 그 메밀묵을 가지고 그날 밤 모인 도깨비들에게 풀어 먹였어.

마천목은 고기 잡는 시간이 전보다 훨씬 줄어들자 공부할 시간도 많아지고 무술을 익힐 시간도 늘어났지. 덕분에 과거에 급제하고 나중에는 부원군이란 높은 벼슬에까지 올랐대.

다섯째 마당

# 도깨비는 심통이 사나울까?

| | |
|---|---|
| 도깨비는 장난꾸러기일까? | 54 |
| 도깨비는 정말 바보 같을까? | 57 |

# 도깨비는
# 장난꾸러기일까?

　괴상한 일이 생기거나 일이 갈피가 없어서 헷갈릴 때, 까닭 없이 터무니없는 짓을 할 때 사람들은 '도깨비장난 같다' '도깨비놀음 같다'는 말을 해요.

　왜 '도깨비장난'이나 '도깨비놀음'이라고 할까요? 그건 도깨비들이 난데없는 장난질을 무척 좋아하기 때문이랍니다.

　도깨비는 장난질이 무척 심하며 심술도 부리고 변덕이 죽 끓듯해요. 사람들에게 모래를 뿌리거나 돌멩이를 던져 장독을 깨기도 하고요, 솥뚜껑을 솥 안에 집어넣는다든가 멀쩡한 소를 지붕 위에 올려놓기도 하지요.

　우리나라의 옛이야기들을 조사해서 모아 놓은 책인 《한국구비문학대계》에 보면 도깨비장난에 대한 이야기가 많이 나와요.

어떻게나 도깨비가 장난이 심하던지, 사람이 죽어 상복을 벽에 걸어놨는데 사람들이 뜸하면 상복이 글쎄 마루 위로 이리저리 막 걸어 다니지 뭐야. 그뿐인 줄 알아? 물속에 있는 돌멩이가 물 바깥으로 풀렁풀렁 막 날아오르고 그래. 칼국수를 만들려고 밀가루를 반죽해 칼로 썰다가 잠깐 자리를 비우면 도마 위에 놓아 둔 칼이 문 사이로 들어갔다 나왔다 해. 부엌에서는 또 어떻고. 솥에 솥뚜껑을 닫아 두었는데 이 솥뚜껑이 빙글빙글 돌면서 공중으로 올라갔다가 툭 떨어지면서 솥 안으로 쏙 들어가 버리지.

《도깨비 설화 연구》라는 책에 보면 도깨비장난에 대한 또 다른 이야기가 있어요. 방죽에 가득 담겨 있는 물을 뺐는데 고기를 한 마리도 찾아볼 수 없어요. 보름쯤 지난 뒤에 산골짜기에서 지독한 냄새가 나서 파 보니까 흙 속에서 물고기가 가득 썩고 있었지요. 무슨 심통이 났는지 도깨비가 방죽 안에 있던 물고기를 모두 산골짜기에 묻어 버린 거였어요. 그 뒤부터 그곳을 '도깨비 방죽'이라고 부른다고 해요.

도깨비들이 비록 심술을 부리고 심통 사나운 짓을 곧잘 하기는 하지만, 사람을 해치거나 죽이지는 않는답니다. 장난이 좀 더 심해지면 사람을 홀려서 씨름을 하자고 달려들거나 춤을 추고 노래를 부르게 하는 정도이지요.

이처럼 도깨비가 장난질을 하는 까닭은 사람들에게 자신을 알리고 싶기 때문이에요. 사람들이 지나치는 곳에 사는 도깨비가 '나 여기 있소, 그러니 잘 알아주시오!'라고 하는 것이지요.

# 도깨비는 정말 바보 같을까?

도깨비들은 소란을 피우고 떠들며 노는 것을 무척 좋아해요.

'인왕리의 웅덩이' 전설에 보면, 사람의 모습을 한 흰도깨비들이 풍악 소리에 맞추어 손장단 발장단을 하면서 저녁 때부터 새벽까지 아무 거리낌 없이 춤을 추고 놀고 있었대요. 하지만 젊은이들이 도깨비 탈을 쓰고 같이 어울려 춤을 추고 놀았더니 그 뒤로는 도깨비들이 자취를 감추어 버렸다고 해요.

도깨비들은 어수선하고 떠들썩하게 놀지만 건드리지 않으면 별로 탈을 일으키지도 않아요. 그리고 때때로 어리석고, 일을 형편에 따라 적절하게 처리하는 능력이 없어요. 화가 나면 무섭지만 뜻밖에 겁이 많지요.

대들보 위에서 개암을 깨무는 소리가 딱 하고 들리자 도깨비들은 대들보가 무너지는 소리인 줄 알고 '걸음아, 나 살려라!' 도망을 쳐요. 정말 순진하고 겁이 많지요?

도깨비는 사람들의 거짓말에 쉽게 속아 넘어가요. 심술이 난 도깨비가 골탕 먹일 속셈으로 논에다가 자갈과 돌을 잔뜩 넣어 두고는 몰래 엿봐요. 논 주인은 도깨비가 엿보고 있다는 것을 알고는 '자갈과 돌이 많아 농사가 잘되겠다. 개똥을 넣었더라면 큰일날 뻔했다'고 중얼거리지요. 이 말을 들은 도깨비는 개똥이 농사에 좋은 거름인지도 모르고 다음 날 돌을 없애고 개똥을 잔뜩 넣어 두어요. 그해 농사는 크게 잘 되었다지요.

고기를 많이 잡게 해 주면 메밀묵을 쑤어 주겠다고 어부가 거짓말을 해요. 도깨비는 이틀 동안 고기를 많이 몰아다 주지요. 하지만 묵을 주지 않자, 사흘 째 되는 날 개뼈다귀와 나무뿌리만 잔뜩 그물에 걸리게 해요. 그러고도 속이 풀리지 않자 '이놈아! 입으로 거짓부리를 했으니 입이나 삐뚤어져라!' 하고 고함을 쳐 어부의 입을 삐뚤어지게 만들었다고 해요.

또 어떤 때는 사람들에게 속았다는 것을 알고서, 자기가 가져다준 돈으로 산 논을 떠메고 가겠다며 논의 네 귀퉁이에 말뚝을 박고 밤새 낑낑 힘을 쓰기도 한답니다.

이처럼 도깨비는 순진해서 때로 속기도 하지만, 속인 사람에게 크게 해를 끼치지는 않아요. 혼내 주는 정도이지요.

도깨비는 깜빡깜빡 잘 잊어버리는 것으로도 유명합니다. 돈 닷 냥을 사람에게 빌려간 도깨비는 다음 날 돈을 갚고는 갚았다는 것을 잊어버려요. 그래서 몇 년 동안 매일매일 돈 닷 냥을 갚지요.

이런 이야기들을 보면 도깨비들은 순진하고 솔직하며, 춤추고 놀기 좋아하는 유쾌한 성격을 가지고 있나 봐요.

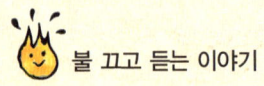 불 끄고 듣는 이야기

# 아기도깨비 이야기

어떤 마을에 예닐곱 살 먹은 어린아이가 부모를 여의고 혼자 살고 있었어. 어린아이가 혼자 살려니 얼마나 힘들겠어. 남의 집 온갖 심부름은 다 하고 겨우 겨우 밥을 빌어먹었지.

하루는 이 아이가 이웃마을 초상집에 가서 일을 해 주고 돈 서 푼을 받았어. 그 돈을 손에 꼭 쥐고 집으로 돌아오는데 모퉁이를 딱 도니까 꼭 저만한 아이가 썩 나서거든.

"아무개야, 아무개야!"

이름을 부르면서 손뼉을 짝짝 쳐. 가만히 보니까 아기도깨비야. 생긴 거야 사람이랑 똑같이 생겼지만 이름을 부를 때 손뼉을 짝짝 치는 걸 보고 도깨비인 줄 알았지.

"왜 불러!"

"내가 지금 돈이 없어서 그러는데 딱 서 푼만 꿔 줘!"

아기도깨비가 이러거든. 그래서 손아귀에 꼭 쥐고 있던 돈을 꿔 주면서

다짐을 받았지.

"너, 이 돈 꼭 갚아!"

"걱정 마. 내일 저녁에 꼭 갚을 거야."

아기도깨비는 대답을 하더니 연기처럼 뽕 사라져 버렸어. 아이는 돈 서 푼을 도깨비에게 꿔 주고 그날은 할 수 없이 쫄쫄 굶었지. 그리고 이튿날 저녁이 되었어.

"아무개야, 아무개야! 짝짝!"

나가 보니까 어제 만났던 아기도깨비가 돈 서 푼을 들고 왔어.

"옜다. 어제 꾼 돈 서 푼 갚으러 왔다. 받아라!"

그래서 받았지. 근데 다음 날 저녁이 되니까 또 "아무개야, 아무개야! 짝짝" 하고 불러서 나갔더니 아기도깨비가 또 돈 서 푼을 내밀었어.

"어제 꾼 돈 서푼이야. 자, 받아!"

그래서 받았지. 그렇게 매일같이 아기도깨비가 돈 서 푼을 가져다준단

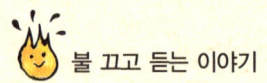 불 끄고 듣는 이야기

말이야. 그러니 어린아이는 전보다 훨씬 살기가 나아졌어. 그렇게 몇 달이 지났는데 하루는 아기도깨비가 냉큼 가지 않고 놀다가 가겠다지. 그래서 그러랬어. 아기도깨비가 집 안에서 놀다가 다 찌그러져 가는 냄비를 보더니 말했어.

"내게 저런 냄비가 많이 있는데 새것으로 하나 가져다줄까?"

그러기에 그러라고 고개를 끄덕였지. 다음 날이 되자 이번에는 돈 서푼하고 새 냄비를 가지고 와서 주는 거야. 그런데 그 냄비가 또 신기한 냄비야. 쌀 한 톨을 담으면 금세 쌀이 냄비 가득 넘쳐 나. 돈을 담으면 돈이 넘치고 그래. 아기도깨비는 다음 날에도 돈 서푼과 냄비를 가져다주고, 다음 날에도 또 그러고, 그렇게 몇 달이 지나갔어. 그런데 하루는 아기도깨비가 빈손으로 울면서 찾아왔어. 그래 왜 우느냐고 물었지.

"난 아무 짓도 안한 것 같은데, 내가 우리 집 살림을 마구 남에게 가져다 줘서 우리 집 살림이 거덜 났대. 그래서 도깨비나라 임금님께 벌 받으러 가야 해."

그런단 말이야. 미안하지만 도깨비 임금님이 하시는 일인데 어쩌겠어? 아기도깨비는 둥둥 떠서 하늘로 올라가면서 마지막 인사를 하는 거야.

"내가 지금 올라가면 언제 올지 모르는데 네게 돈 서 푼 꾼 것도 못 갚고 새 냄비도 못 줘서 미안해. 벌 받고 내려오면 그때는 꼭 가져다줄게."

그러는 거 있지. 그 뒤에는 아기도깨비를 다시 못 만났대. 그러니까 도깨비가 돈 꿔 달라면 선뜻 꿔 줘야겠지?

여섯째 마당

# 도깨비는 무얼 좋아할까?

메밀묵, 수수떡, 개고기를 좋아해? ……… 66
도깨비는 왜 씨름을 좋아할까? ……… 69

## 메밀묵, 수수떡, 개고기를 좋아해?

도깨비들이 심술을 부리면 사람들은 도깨비를 살살 달래야만 해요. 신통력을 마음대로 부릴 수 있는 도깨비와 맞붙어서 그다지 좋을 게 없기 때문이에요.

도깨비를 달래려면 어떻게 해야 할까요? 무엇이든 도깨비가 가장 좋아하는 것을 주어야겠지요. 마치 우는 어린 아기에게 과자를 쥐어 주면 울음을 그치는 것과 같이요.

제주도에서는 해마다 도깨비에게 수수떡과 돼지고기를 갖다 바치고 잘 달랜답니다. 때로는 노래 같은 음악으로 달래기도 하고 꾀로 속여 물러나게도 해요. 도깨비가 싫어하는 누런색을 몸에 칠하거나, 김씨 성을 내세운다거나, 고함을 지르고 대포를 쏘거나, 칼로 위협을 해서 누르기도 하지요. 하지만 도깨비들은 신통력을 가지고 있기 때문에 위협하거나 눌러서 물리치기보다는 잘 달래서 다스리는 것이 가장 좋아요.

옛이야기에도 도깨비를 없애려고 갖가지 방법을 다했지만 그러면 그럴수록 도깨비를 화나게 해서 결국 집에 불이 난다든지 하는 화를 입게 되는 경우가 많이 나와요. 그와는 반대로 도깨비가 좋아하는 음식을 해 주며 살살 달래서 부자가 된 이야기도 많지요.

도깨비를 달래기 위해서는 좋아하는 게 무엇인지 먼저 알아야 해요. 도깨비는 메밀묵과 술을 좋아하고 개고기와 돼지고기를 좋아한답니다. 그래서 서해 바닷가와 제주도 등지에서 열리는 도깨비고사에서는 반드시 메밀묵과 돼지머리 그리고 술을 제사상에 올리지요.

도깨비와 씨름하는 이야기를 보면, 젊은이가 장에서 돼지고기를 사가지고 돌아오다가 그걸 달라는 도깨비 때문에 씨름판이 벌어져요.

또 도깨비를 만나 부자가 된 이야기에서는 도깨비에게 부탁을 받아 개고기를 사다 주면서부터 친구가 돼요. 그리고 그 도깨비 덕분에 부자가 되지요. 이걸 보면 도깨비가 돼지고기와 개고기를 좋아하는 게 분명해요.

메밀묵 또한 도깨비 이야기에서 빠지지 않아요. 도깨비고사에도 반드시 메밀묵이 들어갈 뿐만 아니라 메밀묵을 쑤어 주고 부자가 된 할아버지 이야기나, 고기를 몰아 주면 좋아하는 메밀묵을 쑤어 주겠다고 거짓말을 했다가 사흘째 날 그물 속에 개뼈다귀와 나무뿌리만 잔뜩 걸린 '거짓말쟁이 김 서방' 이야기에서도 도깨비는 메밀묵을 좋아하는 것으로 나온답니다.

# 도깨비는 왜 씨름을 좋아할까?

밤중에 고개를 넘다가 도깨비를 만나 씨름을 하게 되는 이야기는 온 나라에 퍼져 있어요. 도깨비 하면 씨름이 떠오를 만큼 도깨비는 씨름을 좋아하지요. 도깨비를 만나 씨름을 하게 되는 곳은 대부분 고갯마루예요. 씨름을 하게 된 사람들은 대개 술에 취해 있거나 장에 들렀다 오느라 손에 고기를 들고 있기 마련이에요. 고갯마루에 나타난 도깨비들은 씨름을 하자고 해서 고기를 뺏으려고 하지요.

도깨비는 왜 씨름을 좋아하는 것일까요? 그것은 우리 민족이 예로부터 씨름을 좋아했기 때문이에요.

고구려 고분 벽화에서도 씨름하는 그림을 찾아볼 수 있을 정도로 오래 전부터 우리 민족은 씨름을 좋아했어요. 씨름은 고구려 사람들이 널리 즐겼던 민속놀이였지요.

도깨비들은 특히 단오라고도 불리는 수릿날에 씨름하기를 좋아한다고 해요. 그리고 우리 옛사람들도 수릿날에는 온 나라에서 씨름판을 벌였어요.

도깨비가 씨름을 좋아하는 이유는 아마도 우리 민족이 가지고 있는 정서가 도깨비에게 그대로 들어가 있기 때문일 거예요. 우리 민족의 모습을 그대로 간직하고 있는 것이 도깨비거든요. 옛이야기나 옛사람들의 생활 속에서 함께 놀고 함께 어려움을 겪고 함께 이겨 나가는 모습이 바로 도깨비예요.

도깨비는 우리 민족이 만든 것이기 때문에 우리 민족의 마음씨와 닮아 있어요. 우리와 생각하는 것이 같아서 우리가 좋아하는 놀이를 좋아하는 것이지요.

씨름을 좋아하는 걸로 봐서 도깨비는 여성이 아니라 남성임을 알 수 있어요. 그래서인지 도깨비는 여성을 매우 좋아해요.

　'영감놀이'에서는 도깨비가 물을 맞으러 가는 여인에게 '같이 살자, 마음씨 좋다'며 쫓아다녀요.

　온 나라에 퍼져 있는 '도깨비 만나 부자 되기' 이야기를 보면, 도깨비는 주로 여자를 찾아와요. 특히 남편이 없는 과부에게 잘 달라붙지요.

　《삼국유사》에 나오는 도깨비의 대장인 비형랑도 도깨비와 과부 사이에서 태어난 사람이에요. 이렇듯 도깨비는 과부들에게 달라붙어서 부자로 만들어 주기도 하고 아이도 가지게 하는데 그렇게 해서 태어난 아이는 큰 인물이 되는 경우가 많답니다.

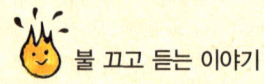 불 끄고 듣는 이야기

# 개고기를 좋아하는 도깨비

　오래 전에 너무 가난해서 땅을 빌려 농사를 짓고 살던 김 서방이라는 사람이 있었어.
　하루는 장에 가려고 집을 나섰지. 장에 가려면 커다란 개천을 가로지르고 있는 다리를 지나가야 한단 말이야. 그래 그 다리를 건너고 있는데 어디선가 자기를 부르는 소리가 들려와. 누가 부르나 싶어서 두리번두리번 살폈더니 다리 밑에서 패랭이를 쓰고 있는, 키가 장승처럼 큰 어떤 사람이 부르거든.
　"김 서방, 어디를 가는가?"
　김 서방은 그 사람이 자기 성을 알고 있는 걸 보고, 언젠가 본 적이 있나 생각하며 고개를 갸웃거렸어.
　"장에 가네."
　"그럼 올 때 개고기 한 근만 사다 줄 수 있겠는가?"
　어차피 가는 길인데다 뭐 그다지 어려운 일이 아니라서 그리 하마! 고개를 끄덕이곤 장에 갔어. 장에서 볼일을 다 보고 돌아오는 길에 개고기를 사다 줬지. 그런 뒤부터 패랭이 쓴 사람과 친구가 되었어.

그런데 하루는 패랭이 쓴 친구가 지나가는 듯이 말하는 거야.

"나는 메밀묵을 제일 좋아하는데. 김 서방, 메밀묵 좀 쒀 주겠나. 그럼 원하는 것을 주지."

그것 또한 그다지 어려운 일이 아니야. 그래서 며칠 뒤에 메밀묵을 한 솥 쑤어다 주었지. 패랭이 쓴 친구가 허겁지겁 먹어 치워. 그걸 가만히 보고 있던 김 서방은 퍼뜩 도깨비가 메밀묵을 좋아한다는 얘기가 떠올랐지. 패랭이 쓴 친구는 사람이 아니라 분명 도깨비야.

메밀묵을 다 먹은 도깨비가 김 서방에게 뭘 가장 좋아하냐고 물었지.

"돈이 제일 좋지."

그러자 도깨비는 어디서 구해 왔는지 돈을 한 보따리 주는 거야. 그러면서 메밀묵을 더 만들어 주면 더 주겠다고 해. 김 서방은 도깨비에게 메

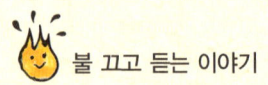 불 끄고 듣는 이야기

밀묵을 가져다줄 때마다 돈을 받아 금세 큰 부자가 되었지.

그런데 사람은 뒷간 갈 때 마음 다르고, 갔다 올 때 마음이 다르다고 하잖아. 부자가 되고 나니 메밀묵 만들어 주는 일에 싫증이 났어. 그래서 하루는 도깨비에게 물었지.

"자네는 제일 무서운 게 뭔가?"

"말 피와 말 대가리가 제일 무섭지."

김 서방은 집에 돌아와 그동안 모아 두었던 돈으로 땅을 몽땅 샀어. 그리고 말도 한 마리 사서 대문에다 말 대가리를 걸고 말 피를 받아서 담장을 따라 쭉 뿌렸어.

김 서방이 오지 않자 도깨비는 메밀묵이 먹고 싶어 견딜 수가 없었지. 기다리다 못해 김 서방 집을 찾아갔어. 도깨비니까 김 서방 집 찾는 거야 식은 죽 먹기지. 그런데 제일 무서워하는 말 대가리가 떡하니 대문 위에 걸려 있고 말 피가 뿌려져 있겠지. 그러니 화가 날밖에 없잖아.

도깨비는 자기가 가져다준 돈으로 김 서방이 산 논 네 귀퉁이에다 말뚝을 박고는 그걸 떠메고 가겠다고 밤새 끙끙댔대. 하지만 제 아무리 도깨비라도 땅을 떠메고 갈 수야 없지. 그게 안 되니까 이번에는 논에다 돌을 산더미처럼 쌓아 놓았지. 그걸 본 김 서방이 도깨비가 들으라는 듯이 중얼거렸어.

"올해는 돌도 많고 물도 없으니 농사가 잘 되겠구나! 거름은 안 되고 더럽기만 한 쇠똥, 개똥이었으면 농사 망칠 뻔했지."

그 말을 들은 도깨비가 가만있을 수 없지. 다음 날 김 서방이 논에 나가 보니까 쇠똥, 개똥이 논에 가득했어. 덕분에 그해는 농사가 아주 잘 되었다는 그런 얘기야!

## 일곱째 마당

# 도깨비불은 무슨 색일까?

| | |
|---|---|
| 파란 불이 깜박깜박 휙휙? | 78 |
| 도깨비불이 물고기를 몰고 다닌다? | 80 |

## 파란 불이 깜박깜박 휙휙?

도깨비를 직접 만나거나 본 이야기보다 도깨비불을 보았다는 이야기가 훨씬 더 많아요. 도깨비불은 한밤중이나 비가 부슬부슬 내리는 어슴푸레한 날, 산속이나 외딴 집에 나타나 휙휙 날아다니거나 깜박깜박 빛을 내지요.

사람들은 이런 도깨비불을 '인'이 내는 불빛이라거나 나무에서 나온 송진이 뭉쳐져서 불빛을 내는 거라고도 해요. 바다에서도 도깨비불이 잘 나타나는데 과학자들은 이것을 '형광 플랑크톤'이라고도 하지요.

인은 동물의 뼈, 광석 따위에 많이 들어 있는데, 어두운 곳에서 빛을 내요. 독성이 있고 공기 가운데서 불이 붙기 쉬우며, 성냥이나 살충제 따위를 만드는 데에 쓰이지요. 그런데 도깨비불이 인이 내는 불빛이라면 붉은 빛깔을 띠어야 해요. 하지만 도깨비불을 본 사람들은 그 색깔이 형광등 불빛과 비슷하거나 푸르스름한 빛을 띤다고들 하지요. 그러므로 도깨비불을 과학적으로 설명하기는 어렵답니다.

도깨비불을 본 사람들은 도깨비불이 이리저리 왔다갔다 날

아다니기도 한다고 말해요. 또 그 불이 하나였다가 여러 개로 나뉘거나 때때로 여러 개가 하나로 합쳐지기도 한다고 해요.

조선시대 학자인 성현이란 분이 쓴 책인《용재총화》에는 다음과 같은 도깨비불 이야기가 나와요.

안부윤이 종 하나를 데리고 서원 별장으로 간 적이 있다. 별장을 십 리쯤 남겨 두었는데 날이 저물어 사방이 칠흑처럼 어두워졌다. 그런데 동쪽에서 횃불이 보이고 떠들썩한 소리가 들려왔다. 횃불은 점점 가까워졌는데 무려 오 리나 늘어져 있었다. 자세히 보니 횃불이 아니고 도깨비불이었다. 안부윤은 깜짝 놀라 정신없이 말에 채찍질을 했고, 그렇게 7, 8리쯤 나아가자 도깨비불은 서서히 흩어져 더 이상 보이지 않게 되었다. 그제야 마음을 놓고 가다가 산기슭을 돌아서는 순간 조금 전 사라졌던 도깨비불이 겹겹이 나타나 길을 가로막았다. 기겁을 한 안부윤은 칼을 뽑아들고 소리치며 앞으로 달려들었다. 그 순간 불들이 순식간에 흩어지면서 우거진 풀숲으로 사라져 버렸는데 손바닥을 치며 크게 낄낄대고 웃는 소리가 들려왔다.

## 도깨비불이 물고기를 몰고 다닌다?

서해 바닷가와 남해 바닷가 일부 지역에서는 도깨비불을 보고 그해 운수를 점치는 걸 '산망' 이라고 해요. 산망이란 원래 산에서 바다를 바라본다는 뜻인데 언제부터인가 운수를 점치는 일로 바뀌었어요.

산망은 섣달그믐 밤, 달빛 하나 없이 깜깜할 때 배 고사나 도깨비고사를 지낸 뒤 산에 올라 바다 쪽을 바라보면서 도깨비불이 가장 많이 나타나는 곳을 찾는 일이에요. 그건 도깨비불이 많이 나타나는 곳에 고기가 많이 잡힌다는 말이 있기 때문이지요.

산망을 할 때는 자신만 아는 곳에 혼자 올라가서 바다를 바라보게 되는데 그렇게 해서 도깨비불이 많은 곳을 보게 되면 혼자만 알고 있지 절대로 다른 사람에게는 말하지 않는답니다. 다른 사람에게 말하면 운이 사라져서 그곳에서 고기가 잡히지 않게 되기 때문이지요.

　바다에서 나는 도깨비불로 풍어를 점치는 것처럼, 땅에서는 도깨비불로 풍년을 점치기도 해요.

　광주에서 전해 내려오는 전설에 의하면, 도깨비불이 높은 곳에서 놀면 그해는 가뭄이 들어서 농사가 잘 안 되고 낮은 곳에서 놀면 비가 잘 와서 풍년이 된다고 해요. 부슬부슬 비가 내릴 때나 먹구름이 하늘을 뒤덮어 껌껌해질 때 도깨비불이 많이 나타나기 때문에 이를 보고 도깨비불이 비를 몰고 다닌다고 생각한 것이지요.

　요즘처럼 농사에 필요한 물을 끌어다 대는 시설이 잘 되어 있지 않았던 옛날에는 비가 많이 오느냐 가무느냐에 따라 한 해 농사가 풍년이 될지 흉년이 될지가 결정되었어요. 그렇기 때문에 비를 몰고 다닌다고 여겨지는 도깨비불이 많이 나타나면 곧 비가 많이 오고 당연히 풍년이 들 거라고 여긴 것이지요. 그런데 이 도깨비불이 요즘은 전혀 나타나지 않는다고 해요. 전깃불이 들어와 밤이 되어도 대낮처럼 훤해졌기 때문이라고도 하고, 자동차 불빛 때문에 도깨비들이 깊은 산속으로 숨어 버렸거나 완전히 사라졌기 때문이라고도 하지요.

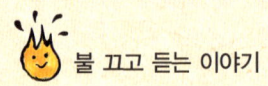 불 끄고 듣는 이야기

# 메밀묵 수어 주고 고기 잡기

전라도 물암이라는 곳은 앞바다가 온통 갯벌이었어. 이 갯벌에는 물이 들 때 그물을 쳐 두면 물이 빠져나가면서 그물에 고기가 걸리도록 만든 어살이란 게 있어.

옛날 어떤 어부가 이곳에 어살을 쳐 놓고 고기를 잡고 있었어. 물이 빠진 뒤 그물이 쳐진 곳에 나가 통을 건져 올리면 고기가 많이 잡혀 나왔지.

그런데 하루는 그렇게 많이 잡히던 고기가 한 마리도 잡히지 않은 거야. 거참! 귀신이 곡할 노릇이지 뭐야. 이상하게 생각한 어부는 그물을 친 뒤에 집에 돌아가지 않고 배 위에서 기다렸지. 혹시 누가 고기를 훔쳐간 게 아닐까 하고 말이야.

얼마나 지났는지 몰라. 갯벌 저만치에서 뿅뿅뿅하고 이상한 소리가 들리거든. 아무리 봐도 형체는 안 보이고 푸르스름한 불빛이 깜빡거리겠지.

"옳다구나! 저놈이 아무래도 내 물고기를 훔쳐가는 도둑놈이겠지."

어부는 도둑을 잡아야겠다고 생각하고 살금살금 다가갔지. 그러다가 불빛에 가까이 다가갔다 싶을 때였어.

"이놈, 물고기 도둑놈아! 게 서라!"

고함을 버럭 지르면서 쫓아갔지. 그런데 갑자기 뿅뿅뿅 소리도 더 이상 들리지 않고 불빛이 어디로 가는 것 같지도 않게 사라져 버리지 않겠어. 거 참 이상한 일이지. 어부는 문득 머릿속에 떠오르는 게 있었어.

"그렇다! 이건 도깨비가 분명하다!"

어부는 '어떻게 하면 좋을까?' 생각을 거듭했지. 싸울 수도 없는 일이고 쫓아낸다고 쫓겨날 도깨비도 아니거든. 그러던 중에 도깨비는 메밀묵을 좋아한다는 옛날 얘기가 떠올랐어.

"옳다구나! 도깨비를 살살 달래야겠다."

어부는 곧바로 부인을 불러서 맷돌에다 메밀을 갈라고 시켰지. 그리고 그 메밀로 묵을 한 솥 쑤었어. 다음 날 메밀묵을 갯벌 이곳저곳에다 고루고루 뿌렸어.

"도깨비님, 도깨비님. 이 메밀묵 먹고 고기 많이 잡히게 해 주십시오."

이렇게 빌면서 말이지. 그 다음부터 어살에는 물고기가 그득그득 들어차 있었다지. 그뿐만이 아니래. 이 어부가 바다에 나갈 때는 도깨비가 불을 켜서 길을 밝혀 주고 나갔다 돌아올 때까지 도깨비가 바래다주고 그랬대.

## 여덟째 마당

# 도깨비가 앞날을 내다볼 수 있을까?

도깨비는 네가 커서 무엇이 될지 알아? ......... 86
도깨비는 땅속을 들여다보는 걸까? ......... 90

## 도깨비는 네가 커서 무엇이 될지 알아?

덩치가 커다래서 무섭지만 장난치기를 좋아하는 어린 아이의 마음을 가지고 있는 도깨비. 씨름을 좋아해서 술 취한 사람을 골려 먹고, 메밀묵만 주면 돈을 한 자루씩 만들어 주는 도깨비. 그러면서도 사람들의 잔꾀에 곧잘 속아 넘어가는 순박한 도깨비는 우리 옛사람들의 모습을 그대로 보여 줘요.

이렇게 순박한 도깨비들은 옛사람들과 함께 어울려 살면서 자기들이 가진 신통력으로 사람들을 도와주기도 했어요. 도깨비가 가진 가장 큰 신통력으로는 도깨비방망이를 들 수 있지요. '금 나와라, 뚝딱! 은 나와라, 뚝딱!' 하면 금과 은이 우르르 쏟아지는 방망이. 무엇이든 만들어 내고 무엇이든 할 수 있는 방망이말이에요.

　도깨비방망이는 무궁무진한 신통력을 가지고 있어서 욕심 많은 사람들이 탐을 냈지요. 그러다가 코가 길어진다거나 하는 벌을 받기도 해요. 이렇게 신기한 물건인 도깨비방망이는 그림에서 흔히 보았던 것처럼 뾰족뾰족 가시가 박혀 있는 것은 아니에요. 그저 흔히 볼 수 있는 평범한 방망이지요.

　도깨비에게는 머리에 쓰면 보이지 않게 되는 도깨비감투도 있어요. 때로 도깨비감투는 입으면 보이지 않게 되는 도깨비 *등거리로 바뀌어 전해지기도 해요.

　도깨비는 방망이나 등거리 같은 물건 외에도 땅을 들여다보고 앞날을 알 수 있는 신통력도 가지고 있어요. 고기가 많이 잡힐 만한 곳을 알려주기도 하고, 나중에 큰 사람이 될 사람을 미리 알아보고 어릴 때부터 모시고 보호하기도 하지요.

　도깨비가 큰 인물이 될 사람을 알아본 이야기는 우리나라 전체에 걸쳐

**\*등거리** : 등을 덮을 만하게 걸쳐 입는 홑옷.

퍼져 있어요. 그중 가장 많이 알려진 사람은 고종 때 함경도 관찰사에 오른 이헌경이에요. 이헌경은 판서를 지낸 이인참의 양자로 가기 전에는 소금밭 일을 하는 평범한 농부의 자식일 뿐이었어요. 그런데 도깨비가 이헌경의 앞날을 내다보고 판서대감 나가신다면서 모시고 다녔다고 해요.

그리고 권시의 경우는 어릴 때 도깨비가 업어서 강을 건네 주었다는 이야기가 전해지고 있고, 양한림은 무덤 근처에서 도깨비 말을 듣고 더욱 열심히 공부해서 높은 벼슬에 올랐다고 해요.

그 외에도 마천목과 도깨비 이야기, 허적을 가마로 모시고 다닌 도깨비 이야기, 손 병사 이야기 등에서도 앞날을 알아보는 도깨비를 만날 수 있어요.

# 도깨비는 땅속을 들여다보는 걸까?

도깨비는 굉장한 능력을 가진 지관이기도 해요. 지관이란 풍수지리설에 따라서 집터나 묏자리를 잡아 주는 사람이에요. 좋은 곳에 집을 짓거나 묘를 쓰면 그 집안이 부자가 되고 자식들 중에서 높은 벼슬에 오르는 사람이 생긴다고 하거든요.

도깨비가 나타난 자리, 도깨비가 노는 자리가 *명당이라고도 해요. 그 자리에 집을 짓고 살거나 묘를 쓰면 부자가 된다고 하지요. 이런 얘기는 나라 곳곳에서 들을 수 있는데 도깨비가 부자로 만들어 주는 능력을 가졌다는 이야기와도 관계가 있어요. 도깨비가 명당을 잡아 주어 부자가 되거나 높은 벼슬을 했다는 이야기도 적지 않지요. 한마디로 도깨비는 명당을 잘 보는 뛰어난 지관인 셈이에요.

또한 착한 사람과 정직한 사람을 알아보는 능력을 도깨비는 가지고 있어요. 그래서 결코 나쁜 마음을 먹은 사람을 도와주지 않아요. 나쁜 사람은 말 한 마디로 입을 삐뚤어지게 만든다거나 해서 벌을 주지요.

*명당 : 풍수지리에서, 장차 좋은 일이 자주 생긴다는 묏자리나 집터.

하지만 자리에서 물러나서도 가난하고 청렴한 생활을 하는 판서에게는 좋은 묏자리를 알려 주어서 나중에 영의정까지 올라가게 해 주기도 해요. 부모에게 효도하는 착한 사람에게는 도깨비방망이를 주고 자신을 먼저 챙기는 나쁜 사람은 혼을 내 주는 '개암 이야기'도 있고요.

무엇이든 뚝딱 만들어 낼 수 있는 도깨비방망이의 신통력과 자신의 모습을 보이지 않게 할 수 있는 도깨비감투 혹은 등거리는 사람이라면 누구나 가지고 싶어 하는 것이에요. 우리나라뿐만 아니라 외국에서도 마찬가지예요. 투명인간 이야기는 소설과 영화로 만들어졌을 정도랍니다.

아마도 옛사람들은 자신들이 가지고 싶어 하는 마술 같은 신통력을, 도깨비를 통해 나타낸 것이 아닐까요? 도깨비 이야기를 통해서 가난하고 힘든 현실을 잠시라도 잊을 수 있고 이야기 속에서 나쁜 사람들을 마음껏 혼내 줄 수 있으니까요.

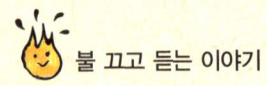 불 끄고 듣는 이야기

# 하 정승과 도깨비 명당

옛날 서당이라는 데는 아이들이 공부를 하는 곳이기도 하지만 길 가는 나그네들이 하룻밤 묵어가는 곳이기도 했어.

하루는 지관 한 사람이 서당에 들러 잘 쉬었어. 그리고 다음 날이 되자 잘 쉰 값으로 학동들에게 무언가 가르쳐 주고 싶어서 이야기를 나눴지.

학동 하나가 묻겠지.

"선생님, 명당에 묘를 쓰면 자손 중에서 높은 벼슬을 합니까?"

"좋은 자리에 묘를 쓰면 높은 벼슬도 하게 되지."

"그런 자리가 어디에 있습니까?"

"산속 깊은 곳에 가면 도깨비들이 모여 회의를 하는 곳이 있지. 사람이 가기가 쉽지 않은 곳인데 그곳이 바로 명당이라. 도깨비들은 땅을 잘 보니까 명당에만 모이지. 그곳에다 묘를 쓰면 높은 벼슬을 하게 된다."

지관은 이런 말을 남기고 길을 떠났어. 그 얘기를 들은 학동들 중에서

담이 큰 놈이 하나 있었지.

'옳다구나! 명당자리 잡아서 벼슬 한번 해 보자!'

이렇게 마음을 먹고 그날부터 온 산속을 다 헤매고 다니는 거라. 하지만 도깨비들이 모여 회의하는 곳을 그리 쉽게 찾을 수 있겠어? 몇 날 며칠을 가시에 찔리고 긁히면서 샅샅이 산을 돌아다녔지.

그러던 어느 날이었어. 그날도 산을 헤매다가 지쳤는데 마침 드러누워 쉬기에 맞춤한 곳이 보였지. 그래, 그곳에 네 활개를 펴고 드러누워 쉬다가 깜박 잠이 들었어.

"하 정승이 세상을 떴네. 이를 어쩔거나!"

"우리가 장례를 치러 줘야 하겠네."

이런 소리가 잠결에 들려와. 저희들끼리 웅성웅성 얘기를 나누는데 이건 분명 도깨비들이거든.

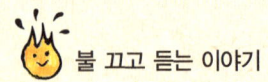 불 끄고 듣는 이야기

　소년은 어쩌나 두고 보자 하는 마음으로 꼼짝도 하지 않았어.
　"하 정승을 아무 데나 모실 수 있나. 우리가 회의하는 곳에다 묻어 주도록 하자!"
　그러더니 도깨비들이 우르르 달려들어 소년을 떠메고 가. 소년은 죽은 척 가만히 있었지. 어디론가 가더니 소년을 내려놓거든.
　'옳다! 여기가 바로 도깨비들이 회의하는 명당이렷다!'
　소년은 벌떡 일어나면서 큰 소리로 고함을 질렀지.
　"이놈들, 너희는 도깨비들이 아니냐? 내가 네놈들이 회의를 못하게 하려고 이곳에 왔다."
　그러자 도깨비들이 놀라 뿔뿔이 흩어져 버렸어. 소년은 그 자리에 말뚝으로 표시를 하고 산을 내려왔지. 그리고 곧 할아버지 산소를 그곳에다 옮겼어.

그 자리가 명당은 명당이었던 모양이야. 아님 도깨비들이 이미 소년의 앞날을 알아본 것일까?

하여간 나중에 소년은 과거에 급제를 하고 정승 벼슬까지 했다는 거야. 도깨비들이 하 정승이라고 불렀으니 뭐 오죽했겠어.

## 아홉째 마당

# 도깨비는 사람을 좋아하나?

사람과 섞여 살고 싶어 하는 도깨비 ······ 98
도깨비가 불을 지르면 부자가 된다? ······ 100

# 사람과 섞여
# 살고 싶어 하는 도깨비

옛이야기에 나오는 도깨비들은 참 순진하고 어수룩했던 모양이에요. 사람들을 부자로 만들어 주고 배신을 당하기 일쑤이니까요. 기껏 사람을 홀려서 한다는 짓도 가시덤불이 우거진 산으로 끌고 다닌다거나 밤새도록 씨름을 하는 것이 고작이었어요.

도깨비는 사람들에게 자신의 존재를 알리기 위해 고기를 잡고 있는 어부 뒤에 나타나 '김 서방, 고기 많이 잡았소? 낄낄낄!' 하고 놀리며 도망가기도 해요. 그리고 기껏 해코지를 한다는 게 그물 속에 나무뿌리와 개 뼈다귀를 집어넣는 정도이지요. 한마디로 사람들과 어울리고 싶어 장난을 거는 거죠. 어쩌면 도깨비는 세상에 내려와서 사람들과 함께 어울려 살고 싶어 한 것은 아닐까요?

도깨비가 사람들과 어울려 살고 싶어 한다는 사실은 크게 두 가지 점에서 알 수 있어요. 하나는, 도깨비는 자신의 모습을 드러내 보이며 사람들에게 알린다는 점이에요.

도깨비가 자신의 모습을 드러내는 방식은 어찌 보면 어수룩하기 그지없어요. 보통 모래를 뿌리거나 솥뚜껑을 솥 안에 집어 넣고, 소를 지붕 위에 올리는 등 장난기로밖에 보이지 않는 행동들이거든요. 이런 일을 실제로 경험했다는 사람들이 많은데, 대부분 도깨비가 심술을 부린다고 생각했어요. 하지만 사실은 도깨비가 자신의 존재를 알리기에 가장 적당하다고 생각했기 때문에 그런 일을 벌인 것이지요.

그리고 도깨비가 사람들과 어울려 살고 싶어한다는 것을 알게 해 주는 다른 하나는 도깨비가 사람들과 직접 관계를 맺는다는 점이에요. 부부 관계든 친구 관계든, 직접적인 관계를 통해 사람과 동등하게 살고 싶어 한 것이지요.

사람들과 부부 관계를 맺거나 친구가 되는 것이 반드시 같이 어울려 사는 것을 뜻하는 것은 아니에요. 도깨비는 주로 밤에만 움직이거든요.

밤에만 나타나 사람들과 만나다보니 주로 과부를 찾아가 부부가 되고 남자들과는 친구가 되지요. 그 경우 과부와 친구들은 대개 부자가 된답니다. 도깨비가 사람을 찾아올 때마다 돈을 가져다주기 때문이에요.

그런데 재미있는 것은 도깨비가 가져다준 돈은 대개 나뭇잎으로 요술을 부려 만든 돈이라는 거예요. 그래서 그 돈으로는 땅을 사두어야 해요. 그렇지 않으면 도깨비와 헤어질 때 도로 나뭇잎으로 바뀌어 버리거든요.

## 도깨비가 불을 지르면 부자가 된다?

　도깨비는 사람들을 골려 먹고 때로는 지나친 장난기로 괴롭히기는 하지만 사람을 해치지는 않는 것으로 알려져 있어요. 그런데 가끔 사람들을 해치는 경우가 이야기 속에 나오기도 해요. 하지만 그럴 때는 반드시 까닭이 있지요.
　도깨비는 이중적인 성격을 가지고 있어요. 심술궂기도 하고 괴팍하기도 해서 사람을 해코지하거나 혼내 주는데, 도깨비가 괴이한 신통력으로 골탕 먹이는 것은 도깨비 자신을 괴롭히는 사람이라기보다는 유교에서 말하는 '못된 놈'이에요. 불효를 저지른다거나 욕심이 많아 다른 사람을 해친 못된 놈만 벌을 주고 착한 사람은 도와주는 것이지요. 이는 다른 귀신들에게서는 볼 수 없는 행동이에요.

도깨비는 사람들을 도와주는 경우가 많아서 사람들이 감사를 표시할 때도 있어요. 지금도 강원도 원주시 개운동에 남아있는 도깨비 비석은 자신의 앞날을 알아보고 보호해 준 도깨비에게 고마움을 표시하기 위해 세워진 거예요.

또 〈동아일보〉를 세운 김성수가 태어난 전북 고창군의 집은 도깨비가 불을 지른 뒤에 갑자기 집안이 일어나서 부자가 되었다고 전해지지요.

도깨비는 예로부터 그림이나 민담에 다양한 모습으로 나타나 있어요. 이처럼 도깨비가 친근한 까닭은 장난꾸러기 같은 모습 속에 왠지 멍청하고 잘 속아 넘어가는 어수룩한 점이 있어 사람들에게 재미를 주기 때문이에요.

때로는 나쁜 이를 벌주고 가난하고 착한 이를 도와주는 점, 사람을 속이지만 결국에는 그 자신이 속고 마는 어리석음 등은 도깨비가 옛사람들과 오랫동안 함께 어울릴 수 있게 해 주었지요.

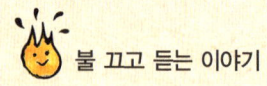 불 끄고 듣는 이야기

# 도깨비 비석

옛날에 정씨 성을 가진 소년이 있었어. 이 소년은 어릴 때부터 총명했는데 그보다는 도깨비가 소년을 모시는 것으로 더 유명했어. 어떻게 모셨냐고? 소년이 공부를 하고 있으면 도깨비가 나타나지. 그리곤 꾸벅 절을 해.

"병사님, 안녕하십니까?"

처음엔 무섭기도 했지만 그런 일이 자주 되풀이되다 보니 소년도 자기가 커서 병사가 되려나 보다 하고 생각하게 되었지.

소년이 청년이 되었을 때였어. 금강산에서 공부를 하고 돌아오는 길이었지. 그런데 장승같은 놈이 앞을 막아서더니 엎드려 절을 하는 게 아니야.

"병사님! 이제 오십니까?"

"너는 누구냐? 무엇 때문에 길을 막느냐?"

"저는 김가이옵니다. 병사님이 곧 제주 목사가 되실 터인데 이 칼을 가슴에 품고 가십시오. 한시라도 품에서 내놓으면 안 됩니다."

장승같은 놈이 이러면서 날카로운 칼 한 자루를 내주거든. 주는 거니까 받아 품에 넣어 두었지. 그러고 나서 정말 얼마 안 되어 청년은 과거에 무난하게 합격을 했지. 곧 나라에서 벼슬을 내리면서 제주도에 목사로 갈 사람을 구하는 거야. 거참 괴상한 일이지. 제주 목사면 과거에 급제한 사람이 처음 가기엔 높은 벼슬자리거든. 그런데 아무나 지원만 하면 된다는 거야. 그 까닭은 제주도에 목사로 가는 사람들이 부임하기 바쁘게 죽어 나오기 때문이었지. 그러니 목숨이 중하지 그깟 목사 벼슬이 중하겠어? 아무도 제주 목사 하려는 사람이 없었어.

정 급제는 곧장 제주 목사를 하겠다고 나섰지. 그리고 제주도로 들어갔는데 그날 밤에 갑자기 수많은 사나이들이 몰려와.

"우리 탐라국은 육지에서 오는 사람이 싫다. 지금까지 오는 목사를 모조리 우리가 죽였으니 당신도 죽어야겠다" 이러거든. 이거 목숨이 간당간당해. 그때 퍼뜩 도깨비 생각이 떠오르는 거야. 그래서 가슴에 품고 있던 칼을 꺼내 휙 던졌지. 그랬더니 그 칼이 희한하게도 두목 가슴에 꽂혀 죽었지. 그러자 다른 사람들은 모두 뿔뿔이 도망을 쳐 버렸어.

정 목사는 제주도에서 백성을 훌륭하게 다스리고 다시는 그런 일이 없게 만들었어. 그 덕분에 곧 병사 벼슬을 얻게 되었지.

정 병사는 자기가 병사가 된 게 다 도깨비 덕이라고 생각하고 고향에 '김공선정지비'라고 쓴 비석을 세웠어. 이걸 '도깨비 비석'이라고 해.

열째 마당

# 도깨비는 몇 개의 얼굴을 가지고 있나?

신의 모습, 인간의 모습? ..................... 106
신과 인간의 중간쯤에 서 있는 도깨비들? ..................... 108

# 신의 모습, 인간의 모습?

흔히 들을 수 있는 도깨비 이야기는 대개가 우리 옛사람들이 직접 경험한 일이에요. 할아버지는 장에 갔다가 술에 취해 돌아오다 도깨비를 만났다고 하시고, 할머니는 도깨비가 가져다준 돈으로 큰 부자가 되었다는 얘길 해 주셨어요. 직접 경험한 도깨비 이야기를 들려주신 거지요.

도깨비는 과연 무엇일까요? 도깨비는 방망이를 두드리면 금이든 은이든 비단이든 쏟아 낼 수 있고 마음먹으면 나뭇잎이나 모래로 돈을 한 자루씩 만들어 낼 수 있는 신통방통한 힘을 가지고 있어요. 신선들이나 할 수 있는 일이지요. 그렇다면 도깨비는 신일까요?

하지만 도깨비는 사람들에게 곧잘 속아요. 도깨비를 속여 돈을 얻어 낸 뒤 사람들은 무엇이 제일 무서운지를 물어보지요. 그러면 어수룩하게도 말 피와 말 대가리를 가장 무서워한다고 말해요.

그런 다음이면 곧장 배신을 당하지요.

사람은 부자가 되게 해 준 도깨비를 가차 없이 버려요. 도깨비가 찾아가면 담장에는 말 피가 뿌려져 있고 대문 위에는 말 대가리가 높다랗게 걸려 있어요. 그래도 도깨비는 어찌할 방법이 없어요. 기껏 화를 낸다는 것이 동네방네 돌아다니며 욕을 하는 것이 고작이지요.

그리고는 자기가 준 돈으로 산 논을 떼메고 가겠다며 네 귀퉁이에 말뚝을 박고 밤새 끙끙대요. 그게 안 되면 기껏 한다는 복수가 돌멩이를 논 가득 쌓아 두는 거예요. 그나마 다시 사람에게 속아 곧 돌멩이를 치우고 개똥과 소똥을 가득 뿌려 놓아 풍년이 들게 해 주지요.

이처럼 도깨비는 신이라고 하기엔 너무 순진하고 어수룩해요.

그렇다면 도깨비는 인간일까요? 이 또한 그렇다고 말할 수는 없어요. 어찌 보면 도깨비는 신과 인간의 모습을 모두 가지고 있는 게 아닐까요?

## 신과 인간의 중간쯤에 서 있는 도깨비들?

'도깨비방망이 얻기' 이야기를 잠깐 볼까요? 효자는 도깨비에게서 도깨비방망이를 얻어서 부자가 돼요. 그건 바로 개암 한 알에서 드러나는 효성 때문이에요. 유교적 생각에서 효자는 항상 보호받아야 하고 반드시 상을 받아야 해요. 그 상이 바로 도깨비방망이이지요.

그와는 반대로 불효자이며 막돼먹은 사람은 벌을 받아요. 효자가 도깨비방망이를 얻은 이야기를 듣고 산으로 찾아간 불효자는 도깨비방망이를 얻기는커녕 도깨비방망이로 잔뜩 두들겨 맞기만 해요. 착한 일을 권하고 나쁜 짓을 벌하겠다는 생각이 '도깨비방망이 얻기' 이야기 속에 들어있는 것이지요.

여기에서 도깨비는 인간의 잘잘못을 심판하는 신의 모습을 가지고 있어요. 도깨비는 착한 사람과 나쁜 사람을 구별하여 상과 벌을 주는 재판관인 것이지요.

'도깨비방망이 얻기'에서 도깨비가 신의 모습을 하고 있었다면 '도깨비 만나 부자 되기' 이야기에서는 인간의 성격을 보여 주고 있어요. 그리고 '도깨비와 씨름하기' 이야기에서는 직접 인간과 살을 부대끼는 모습을 그대로 보여 주고요.

여러 가지 이야기를 가지고 도깨비가 신인지 인간인지 하는 것을 따져 보면 어느 것에도 해당하지 않아요. 결국 이야기에 따라서, 때에 따라서 도깨비는 신이기도 하고 인간이기도 한 것이지요.

도깨비가 인간의 성격에 가까운 이야기일수록 도깨비는 어수룩하고 순진해서 인간에게 속임을 당하고 결국 쫓겨나게 되지요. 이런 이야기에서는 사람들의 모질고 나쁜 모습을 교훈적으로 보여 줘요.

또 도깨비가 신의 성격에 가까운 이야기일수록 도깨비는 인간의 잘잘못을 판단하고 상과 벌을 주는, 인간보다 뛰어난 능력을 가지게 돼요. 한마디로 도깨비는 신도 아니고 인간도 아닌, 그 중간쯤에 자리 잡고 있는 셈이에요. 도깨비가 가진 고유한 성격 역시 그야말로 '도깨비 같은' 것이지요.

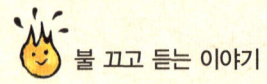 불 끄고 듣는 이야기

# 도깨비가 준 보물

옛날 어느 곳에 어수룩하고 좀 모자라는 총각이 살았어. 마음이야 나무랄 데 없지만 세상 물정을 너무 모르니 사람 구실을 못하거든. 그래 부모는 총각을 세상에 내보내 세상 물정을 익히게 했지.

총각은 괴나리봇짐 하나를 달랑 메고 집을 떠났어. 얼마쯤 가는데 산속에서 그만 날이 저물었지. 마침 다 쓰러져 가는 빈집이 있기에 들어갔어. 아, 그런데 그게 바로 도깨비집인 거야. 험상궂게 생긴 암도깨비가 나와서 으르렁대겠지.

"히히히. 잘 만났다. 나랑 한 해만 살자!"

이러거든. 옴치고 뛸 재간이 있나? 할 수 없이 한 해를 살았어. 한 해가 지나자 도깨비가 보자기 하나를 내줘.

"이 보자기를 펴 놓고 손뼉을 짝짝 치면 쌀이 생겨."

이러거든. 그 보자기를 가지고 총각은 다시 길을 떠났지. 날이 저물어

서 이번에는 주막에 들었어. 그리고 보자기를 맡기면서 절대로 펴 놓고 박수를 짝짝 치면 안 된다고 당부를 했어. 어쩜 그리 어리석을 수가 있을까? 당연히 주막 주인이 해 봤지. 그러니까 쌀이 수북하게 생겨. 그러니 욕심이 날 밖에. 다음 날 보자기를 슬쩍 감추고 다른 보자기를 내줬어.

 총각은 그것도 모르고 집에 돌아가 보자기 자랑을 했지. 그런데 손뼉을 아무리 쳐도 가짜 보자기에서 쌀이 나올 리가 있나! 아직 멀었다며 더 배우고 오라고 집에서 쫓겨났어.

 마땅히 갈 데는 없고 외딴 집 암도깨비와는 정이 들었으니 그곳을 찾아갈밖에.

 "보자기를 잃어버렸다고? 그럼 나랑 한 해만 더 살자!"

 살고 났더니 도깨비가 말 한 마리를 주면서 그래.

 "이 말 궁둥이를 때리면 금돈이 나오지."

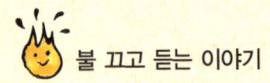 불 끄고 듣는 이야기

정말로 말 궁둥이를 탁 때리니까 금돈이 나와. 또 때리니까 또 나와. 그 말을 끌고 또 그 주막에 들었어. 그리고 절대로 말 궁둥이를 때리지 말라고 거듭 부탁을 했지. 주인은 욕심이 나서 다른 말로 바꿔치기 했고 총각은 집에 갔다가 다시 쫓겨났지. 그래서 또 도깨비를 찾아갔어. 도깨비는 다시 한 해만 더 살자고 했지. 그리고 한 해가 지나자 이번에는 방망이 하나를 내줘.

"이 방망이를 보고 '때려라' 하면 방망이가 사람을 때리지."

총각은 다시 주막 주인에게 방망이를 보고 '때려라' 하지 말라고 거듭 부탁했지. 그런데 주막 주인이 두 번이나 신기한 보물을 얻었으니 가만있겠어? 당연히 '때려라' 했지. 그러니까 방망이가 벌떡 일어나 주인을 마구 두들겨 패. 도망가면 따라가서 때리고, 또 도망가면 따라가서 패는 거야. 어! 속이 다 시원하네.

하여간 주인은 총각 방에 들어가서 싹싹 빌었지.

"아이고, 저번에 훔친 걸 다 내놓겠소. 제발 살려 주시오!"

이러겠지. 총각은 보자기와 말을 찾아서 집으로 돌아갔어. 그리고 오래오래 잘 살았다지.

## 열한째 마당

# 도깨비를 어떻게 모셔야 하나?

왜 도깨비에게 굿을 할까? ········ 116
왜 도깨비에게 고사를 지낼까? ········ 120

## 왜 도깨비에게 굿을 할까?

이야기에서나 나오던 도깨비는 드디어 옛사람들의 믿음 속에도 그 모습을 드러내게 돼요. 개구쟁이 짓을 곧잘 하고 착한 사람과 나쁜 사람을 상 주고 벌주던 도깨비가 이제는 더 큰 힘을 내보이기 때문이에요. 그래서 사람들은 굿을 하여 쫓아내야 한다고 생각했어요.

이야기 속에서만 살던 도깨비가 점점 신의 자리로 올라서면서 일부 바닷가 지역에서는 불을 내기도 하고 돌림병을 일으키기도 하는 역신으로 자리 잡았어요.

바다에서는 도깨비가 배를 엉뚱한 곳으로 끌고 가거나, 심하게는 침몰시켜 사람들에게 큰 피해를 입히기도 한다고 생각했지요.

진도와 순창에서는 해마다 굿을 해서 도깨비를 쫓아냈어요. 보통 도깨비는 돈을 가져다주고 부자로 만들어 준다고 생각하고 있으며 옛이야기도 그런 내용이 대부분이에요. 그런데 오로지 순창과 진도에서만 도깨비를 돌림병을 퍼뜨리는 신으로 생각한 것은 참 유별나지요?

더욱 유별난 것은 도깨비굿을 할 때 남자들은 참여를 하지 못한다는 거예요. 도깨비굿에 참여하는 사람들은 모두 여성들이에요.

*호열자 등의 돌림병이 돌게 되면 여성들만 모여 굿을 시작해요. 이때

긴 대나무 장대 끝에 여성의 속옷을 거꾸로 씌우고 하나씩 들어요. 다른 사람들은 양푼이나 솥뚜껑 등을 두들기며 대나무 장대를 앞세우고 집집마다 돌아다니며 도깨비를 쫓아내요. 굿을 하는 동안 남자들은 방문을 닫고 방안에서 꼼짝도 하지 않지요.

이렇게 마을을 한 바퀴 돌고 나면 마을 삼거리나 나무 밑에 제상을 차리고 절을 한 뒤 고수레를 해요. 재미있는 것은, 제사가 끝나고 집으로 돌아갈 때는 불을 피운 곳을 뛰어넘어 간다고 해요. 이는 도깨비들이 쫓아오지 못하도록 하는 것이랍니다.

도깨비굿을 하는 이유는 도깨비가 병을 가져다주는 귀신이라고 생각했기 때문이에요.

하지만 도깨비와 귀신은 엄연히 달라요. 그런데도 도깨비굿을 하는 이유는 아마도 이 지역에서 살았던 옛사람들이 도깨비를 귀신과 헷갈렸기 때문일 거예요. 도깨비에 홀려 혼쭐이 난 이야기나, 빈집이나 외딴집, 으스스한 저녁에 나타난 도깨비에게 놀라는 이야기가 하도 많이 있어서 귀신과 도깨비를 헷갈린 게 아닐까요.

*호열자 : 콜레라.

## 왜 도깨비에게 고사를 지낼까?

도깨비굿이 화재를 일으키거나 돌림병을 몰고 다니는 도깨비를 쫓아내기 위한 것인데 비해 도깨비고사는 복을 내려주기를 바라는 마음에 도깨비를 달래고 모시는 일이에요.

주로 서해 바닷가 지역과 남해 바닷가 일부 지역에서 도깨비고사를 지내고 있어요. 몇몇 곳에서는 배에서도 도깨비고사를 지내기도 하지요.

어부들은 바다에 사는 도깨비가 고기를 몰아다 준다고 생각했어요. 그래서 고기를 많이 잡기 위해 '어장고사'를 지냈지요. 덤장고사, 대발고사, 도깨비고사, 개맥이고사라고도 하는데 주로 자기가 설치해 놓은 그물을 향해 고사를 지내요. 대개 매달 새로 물이 들어오는 서무날이나 열무날 초저녁에 어장 주인과 가족만 참가한 가운데 고사를 지내지요. 제물로는 돼지머리나 돼지고기, 과일, 술, 떡, 정화수, 밥, 국, 생선을 놓아요. 도

깨비가 가장 좋아한다는 메밀묵이나 메밀떡은 절대 빠지지 않지요.

고사를 지낸 뒤에는 메밀떡이나 메밀묵을 바다에 던져 주면서 고기가 많이 잡히기를 부탁해요. '물 건너 김 서방, 물 건너 김 서방, 물 건너 김 서방, 내 그물 속에 고기를 몰아 주게' 하고 빌거나 '꼬리가 크고 머리가 큰 고기는 모두 우리 그물 안에 몰아넣어 주십시오!' 하며 빌어요.

이 어장고사에는 상을 당한 사람이나 개고기를 먹은 사람은 참가할 수 없어요. 고사를 지내러 가는 도중에 다른 사람을 만나서도 안 된답니다. 그리고 다 지낸 뒤에는 뒤를 돌아보거나 침을 뱉어서도 안 되는데, 만약 뒤를 돌아보면 도깨비가 따라오게 되고 침을 뱉으면 도깨비가 화를 낸다고 믿기 때문이에요.

도깨비는 고사 밥을 얻어먹으면 그만큼 고기를 많이 잡게 해 줘요. 고사를 잘못 지내면 도깨비가 모래를 휘휘 뿌리거나 그물을 찢으며 상처 난 고기를 그물에 넣어 놓는답니다.

많이 잡게 해 줘잉~!

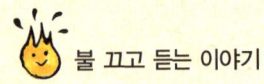 불 끄고 듣는 이야기

# 도깨비고사

　옛날 바닷가에 한 영감이 살았어. 이 영감은 이사 온 지 얼마 되지 않았는데 산골짜기에 살다가 바닷가에 오니까 먹고 살 일이 막막했겠지. 그래서 뭘 해서 먹고 살까 궁리를 했어. 배도 타 보고 바닷가도 둘러 보고 갯벌도 돌아보고 말이야.

　그런데 배 타는 건 도저히 안 되겠어. 생각해 봐, 산에서 나무하고 다니던 사람이 울렁울렁 하는 배를 잘 탈 수 있겠어? 그래서 이건 이래서 안 되겠다, 저건 저래서 또 안 되겠다, 이렇게 생각에 생각을 하고 있던 어느 날이었어. 갯벌에 나가 다른 사람들이 고기를 잡는 걸 보니까 그거 참 쉬워 보이거든.

　갯벌에 밀물이 들어왔다가 썰물이 빠져나가면서 고랑이 생겨. 거기에다 대나무와 그물로 어살이란 걸 쳐 두거든. 그럼, 밀물일 때 고기들이 따라 들어왔다가 썰물이 되어 빠져나갈 때는 대나무에 갇혀 그물로 몽땅 들어가. 가만히 보니까 그건 식은 죽 먹기야. 물이 빠져나가고 나면 가서 고기만 건져 올리면 되겠거든.

"옳다! 이걸 하면 되겠다."

그날로 당장 영감은 갯벌에다가 어살을 만들었어. 곧 물이 들어왔다가 나갔지. 영감은 잔뜩 기대하면서 그물을 들어 올렸어. 그런데 어럽쇼! 그물 안에 고기가 한 마리도 보이지 않는 거야. 처음이니까 그렇겠지. 영감은 또 기다렸지. 밀물이 몇 번 들어와도 고기가 안 잡혀. 그래도 기다렸지. 그러다가 달포 만에 겨우 고기 한 마리를 건져 올렸어. 단 한 마리였어. 그런데 요놈이 제법 굵단 말이야.

"한 마리뿐인데 내다 팔기도 멋쩍고……. 에라! 구워서 먹어야겠다."

영감은 갯벌 위에 불을 피우고 고기를 굽기 시작했어. 그새 주위가 어둑어둑해졌지. 고기를 다 구울 즈음 웬 장승같이 키가 큰 사람이 지나가.

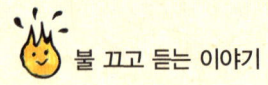 불 끄고 듣는 이야기

영감은 혼자 먹기가 민망해서 그 사람을 불렀지.
"이보시오! 내가 잡은 고기 맛이나 보고 가시오."
커다란 사람은 사양도 안 해. 털썩 자리를 잡고 앉더니 고기를 집어 먹겠지. 금세 고기 한 마리가 사라지고 말았어. 그리고 벌떡 일어서서 아무 말 없이 그냥 가 버리네. 순식간에 사라진단 말이야. 영감은 어안이 벙벙했지. 하지만 이미 고기는 다 먹었는데 어째?

그런 다음이었어. 밀물이 들어왔다 썰물이 되어 물러났지. 영감은 큰 기대도 없이 그물을 들어 올렸어. 그런데 그물에 고기가 가득 들어차 있는 거야. 커다란 놈으로만 말이야. 하도 많아서 그물이 다 찢어지려고 그래. 그동안 그리 안 잡히더니 이게 웬일일까?

영감은 어제 고기를 먹고 간 사람이 바로 도깨비란 걸 금세 깨달았어. 도깨비가 고기 얻어먹은 값으로 고기를 몰아 준 거야.

그 다음부터 영감은 서무날과 열무날에 메밀묵이나 메밀떡을 만들어서 도깨비고사를 지냈는데 얼마 안 가서 큰 부자가 되었대.

열두째 마당

# 도깨비는 모두 어디로 갔을까?

도깨비들은 모두 이야기 속으로 들어갔나? ········· 128
어떻게 하면 도깨비를 다시 살릴까? ············· 130

# 도깨비들은 모두
# 이야기 속으로 들어갔나?

우리 할아버지 때만 해도 곳곳에 도깨비들이 있었어요. 서울에도 남산 구리개로 들어가는 길목에 도깨비집이 있었고 1930년대 말에는 서울 시내 한 초등학교에서 도깨비 소동이 나기도 했지요. 그뿐만이 아니에요. 서울 시내 한 복판에도 도깨비집이라 알려진 곳이 여러 곳 있었어요.

장안동에서 태릉으로 넘어가는 언덕길에 있는 멋들어진 콘크리트 집에는 밤마다 도깨비가 나타나기도 했어요. 30여 년 전에는 돈암동에서 미아리로 넘어가는 미아리고개에 있는 2층 집에도 밤이면 도깨비가 나타나 돌팔매질을 했지요. 유리창이 깨지는가 하면 갑자기 방안에서 후닥닥 소리가 들렸다고 해요.

그런데 요즘에는 도깨비를 봤다는 얘기도, 도깨비가 불을 냈다는 얘기도, 도깨비와 씨름을 했다는 얘기도 들어 볼 수 없게 되었어요. 도깨비는 어린이들이 읽는 동화책이나 옛이야기 속에만 남아있을 뿐이지요.

이제 실제로 도깨비를 만날 일은 없을지도 몰라요. 하지만 어린이들은 여전히 도깨비 이야기를 책 속에서 만나고 엄마, 아빠가 들려주는 이야기 속에서 만나고 있어요. 그나마 다행한 일이지요.

그렇다면 도깨비들은 왜 사라지고 만 것일까요.

그건 아마도 눈이 핑핑 돌만큼 바쁘게 발전하는 세상 탓인지도 몰라요. 불과 얼마 전까지만 하더라도 우리는 어두운 골목 귀퉁이에, 커다란 나무 그늘 속에, 외따로 떨어져 있는 빈집에 도깨비가 살고 있다는 것을 알고 있었어요. 그런데 이제는 도깨비들이 살 곳이 없어져 버리고 말았어요.

세상이 변하면서 우리는 골목길을 넓히고 가로등을 달았어요. 도깨비가 살 만한 큰 나무 그늘이나 깊은 수풀은 개발 때문에 불도저가 밀어 버렸고, 외딴 빈집은 무너뜨리고 콘크리트 건물로 다시 세웠지요.

그러니 딱딱한 아스팔트 위에, 삭막한 콘크리트 건물로 가득 들어찬 도시 위에 도깨비가 발을 붙일 곳은 없어지고 만 거예요.

## 어떻게 하면 도깨비를 다시 살릴까?

그렇다고 도깨비가 완전히 사라진 것은 아니에요. 완전히 사라진 듯 보이지만 지금 이 순간에도 어딘가에 살아남아 있어요. 동화책 속에서, 그리고 어린이들의 꿈속에서 도깨비는 살아 있는 거예요.

비록 물고기를 몰아 주고 풍년을 점치는 도깨비, 장터에서 돌아오는 사람과 씨름을 하자고 나서는 도깨비는 사라졌지만 새롭게 만들어지고, 고쳐지는 이야기 속에서 살아 돌아와 어린이들에게 읽히고 있어요. 변화하는 시대에 잘 어울리도록 도깨비방망이

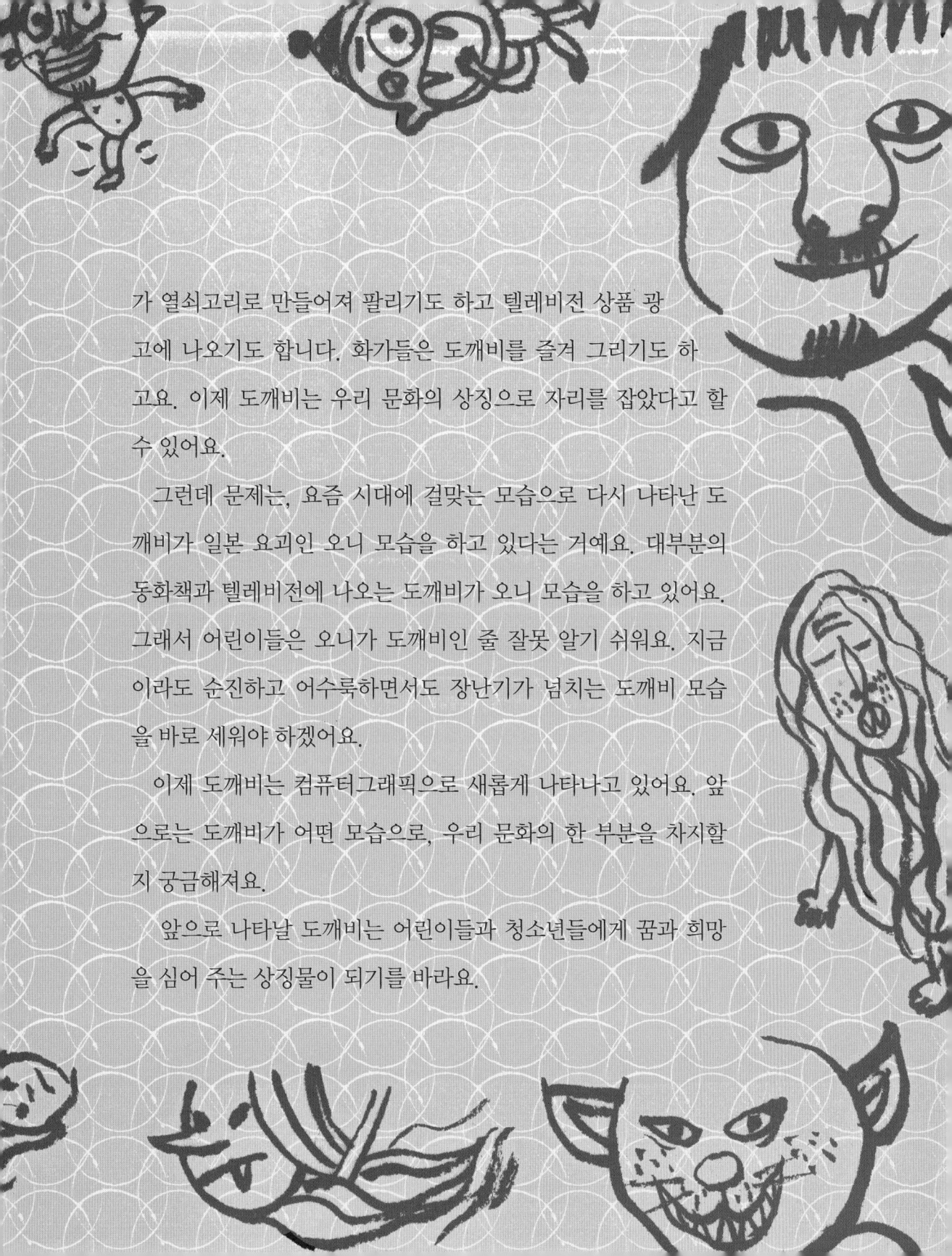

가 열쇠고리로 만들어져 팔리기도 하고 텔레비전 상품 광고에 나오기도 합니다. 화가들은 도깨비를 즐겨 그리기도 하고요. 이제 도깨비는 우리 문화의 상징으로 자리를 잡았다고 할 수 있어요.

그런데 문제는, 요즘 시대에 걸맞는 모습으로 다시 나타난 도깨비가 일본 요괴인 오니 모습을 하고 있다는 거예요. 대부분의 동화책과 텔레비전에 나오는 도깨비가 오니 모습을 하고 있어요. 그래서 어린이들은 오니가 도깨비인 줄 잘못 알기 쉬워요. 지금이라도 순진하고 어수룩하면서도 장난기가 넘치는 도깨비 모습을 바로 세워야 하겠어요.

이제 도깨비는 컴퓨터그래픽으로 새롭게 나타나고 있어요. 앞으로는 도깨비가 어떤 모습으로, 우리 문화의 한 부분을 차지할지 궁금해져요.

앞으로 나타날 도깨비는 어린이들과 청소년들에게 꿈과 희망을 심어 주는 상징물이 되기를 바라요.

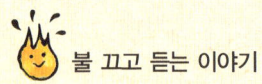 불 끄고 듣는 이야기

# 도깨비감투

옛날, 어느 마을에 제사를 잘 지내기로 소문난 조 서방이 있었어. 조 서방은 아내와 함께 정성껏 제사상을 차렸어. 그런데 엎드려 절하고 일어나 보니 차려 둔 음식이 싹 사라져 버렸지 뭐야.

"거참, 이상하다?"

다시 제삿날이 되어 이번에도 음식을 한 상 잘 차렸지. 그리고 커다란 방망이를 갖고 병풍 뒤에 꼭꼭 숨어서 기다렸어. 밤이 이슥해지니까 제상 위의 음식이 사라져. 그런데 아무 것도 보이지는 않거든.

"저건 도깨비가 분명해. 도깨비가 조상님 음식을 훔쳐 먹었구나."

조 서방은 병풍 뒤에서 펄쩍 뛰어나가 방망이를 마구 휘둘러댔어. 이리 치고 저리 두들기는 중에 도깨비가 쓰고 있던 감투가 홀렁 벗겨지고 말았지. 도깨비는 감투고 뭐고 다 내버리고는 쌩하니 달아나 버렸어.

조 서방은 도깨비감투를 머리에 써 봤지. 그랬더니 글쎄 손도 안 보이고 발도 안 보이고 그래. 고거 참 신기하다 하고는 벽장 속에 넣어 뒀지.

다시 제삿날이 되어 조 서방은 장을 보러 갔는데 그날따라 고기도 과일도 너무 비싼 거야. 그 순간, 벽장에 넣어 둔 도깨비감투가 퍼뜩 떠올랐지. 옳다구나! 조 서방은 도깨비감투를 푹 덮어쓰고 보이지 않게 되어서는 잽싸게 과일과 떡과 고기를 한 보따리씩 훔쳤어.

그날부터 조 서방은 논밭 일을 아예 접어 버렸지. 까짓것, 필요한 게 있으면 장에 나가서 들고 오기만 하면 되니까 말이야.

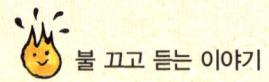 불 끄고 듣는 이야기

"아이고 좋다. 뼈 빠지게 농사 안 지어도 살림이 넉넉하구나."

그러던 어느 날 장터를 돌아다니다가 지나가는 사람 담뱃불에 도깨비감투가 그만 구멍이 났지. 조 서방은 아내에게 구멍 난 도깨비감투를 기워달라고 했어. 아내는 반짇고리를 뒤져서 빨간 헝겊 한 조각을 겨우 찾았어. 어쩌겠어? 그거로라도 기워야지.

조 서방은 그것도 모르고 도깨비감투를 눌러쓰고 장터로 나갔어. 장사꾼들이 가만히 보니까 빨간 헝겊 조각이 이리 갔다 저리 갔다 하면서 물건이 사라지거든.

옳지! 저 헝겊 쪼가리에 뭔가 있다 싶겠지. 안 그래도 자꾸만 물건이 감쪽같이 사라져서 도둑놈을 잡으려고 벼르고 있던 참이야. 그러니 냉큼 빨간 헝겊 쪼가리를 잡아챘지.

도깨비감투가 훌렁 벗겨지자 훔친 물건을 잔뜩 껴안고 있는 조 서방이 드러났어.

"도둑놈 잡았다! 이놈, 이 도둑놈."

그동안 물건을 잃어버리고 화가 잔뜩 나서 벼르고 있던 장사꾼들이 우르르 달려들었지. 그리고 비 오는 날 먼지가 나도록 두들겨 팼다던가? 뭐, 그랬다지. 도깨비감투는 어찌 되었냐고? 아마도 장사꾼들 발길에 밟혀서 부서졌겠지 뭐.

## 원작 이이화

1937년 대구에서 주역의 대가이신 야산(也山) 이달(李達)의 넷째 아들로 태어났습니다.
어릴 때부터 한문학자이신 아버지에게서 한문 수업을 호되게 받았습니다.
하지만 학교에 보내 주지 않아 소년시절 몰래 가출을 해서 고학을 하였습니다.
한때 문학에 열중하기도 했으나 청년이 되어 우리나라 역사 공부에 열중했습니다. 평생 우리나라 역사에 매달린 셈이지요.
우리나라가 어떻게 발전해 왔는지, 어떻게 고난을 겪었는지를 따져 보는 역사책을 쉽게 풀어 써 왔습니다.
그 결과 《한국사 이야기》 22권과 《만화 한국사》 9권 등을 펴냈습니다.
또 《찬란했던 700년 역사, 고구려》《해동성국 발해》《녹두장군 전봉준》 등 청소년의 읽을거리 책도 지었습니다.

## 글 김진섭

경북 영천에서 태어나 중앙대학교 문예창작학과를 졸업했습니다. 10여 년 동안 신문과 잡지 기자로 일했으며 지금은 어린이책 작가로 활동하고 있습니다. 그동안 쓴 책으로는 동화 《화랑의 전설》《전우치전》《홍길동전》《어린이를 위한 몰입 수업》《내 마음 들키고 싶지 않아》《게임중독탈출학교》, 그림책 《화성은 어떻게 지어졌을까?》《꽁배 아이들 모여라》《깐깐한 선비 이율곡》《아이나라 그림책》, 엮은 책으로 《한권으로 읽는 인도사》《이상한 나라의 앨리스》《경제상식》들이 있습니다.

## 그림 곽재연

산업디자인학과를 졸업했습니다. 2003 한국출판미술대전 특별상과 특선을 수상했고 《한국사를 뒤흔든 20가지 전쟁》《세상에서 젤 푸릇푸릇한 식물책》《저학년 속담》《안중근》《영어동화100편》《아전들 골탕 먹인 나졸 최환락》《세상 가장 소중한 가치》《엉뚱한 악당들의 놀라운 지구 체험기》 등의 책에 그림을 그렸습니다. 항상 참신하고 재미있는 일러스트 개발에 힘쓰고 있습니다.

## 목록 선정 역사사랑

'역사사랑'은 전국역사교사모임 내의 연구모임으로, 1998년 고려대학교 역사교육과 출신
중·고등학교 현직 교사 6명에 의해 시작되어 현재 14명의 회원이 활동 중입니다.
학생들의 사고력과 창의력을 높이기 위한 다양한 수업 모델과 평가 방법을 연구하고 있으며,
연구 활동의 결과물들을 실제 수업에 적용하여 검증·보완하면서
보다 유익한 역사 시간을 만들기 위해 노력하고 있습니다.
《이이화 역사 할아버지가 들려주는 이야기》 시리즈의 목록을 선정하는 데에 도움을 주었습니다.